日本が勝つための
経済安全保障
エコノミック・
インテリジェンス

中川コージ
NAKAGAWA KOZI

ワニブックス

はじめに

経済活動が「疑似戦争化」する時代

本書は、「中国との取引はヤバいんじゃないか」「最近話題の経済安全保障って何だ?」などと思われている専門家以外の方に向けて、論点を平易にまとめた本です。

そもそも経済安全保障という概念自体がこの数年盛り上がって議論されてきたものであって、歴史も浅いものですから、基本的な知識を集約している本書を眺めただけでも、経済面を含む中国との関係［※1］をどう構築していくべきなのかなど、経済安全保障の基本概念がつかめるのではないかと思います。

〔※1　本書では中国共産党が領導する中華人民共和国を「中国」と称します。また中国共産党の上意下達システムすなわち民主集中制に依拠した意思中枢を示す場合には「北京中央」と称します。筆者は他所では誤解を避けるため総体概念をチャイナと称しています

が、本書では中国で統一表記します）

加えて、筆者なりの「日本にはこうした点が欠けているから、あれこれカクカクシカジカこうした方が良いですね」「経済安全保障をイデオロギーや力学など無形資本の疑似戦争としてとらえ直してみると6つの概念が……」といった戦略的考察も盛り込んでいます。そして、サプライズなおまけとしてマサラ香るインドの話も入ってきます。カレー好きにはたまらないことでしょう。

なにも律儀に通読することはないので、パラパラとページをめくって興味ある箇所だけでもつまんでもらえれば幸いです。

さて、経済安全保障はまず何よりも安定的なサプライチェーンの構築と、日本企業の国際的な事業活動の支援を第一の目的にしなければなりません。ところが日本では、「中国包囲網が必要だ」など「敵」を規定しようとする議論が先に立ち、自由な企業活動を阻害するリスクについての議論が深まらないようです。

数十年の歴史を俯瞰《ふかん》して、アメリカが先に中国を叩いたのか、中国が先にアメリカを叩いたのか、といった議論はひとまず棚上げしておきますが、2010年に発生した尖閣沖漁船衝突事件後に、中国側が一方的に発動したレアアース輸出規制（停滞）は多くの方の記憶にまだ残っている最初の典型例でしょう。

その後の事例を挙げていくと枚挙にいとまがありませんが、地政学的目的を達成するために政府が積極的に経済的手段をとる中国と競争するため、アメリカでも「国家は経済に優先する」との考え方が前景化している現在、経済安保は米中対立の最前線で、あらゆる経済主体が無視できない流れになっています。

そんな粗暴な振る舞いが目立つ中国に対して、アメリカは世界の国々からどのように見られているでしょうか。日本やG7を中心とした米欧先進諸国の間では、自由と民主、法の支配などが共通価値観として掲げられています。そしてアメリカはその中核に位置する、まさに超大国です。しかし米ソ冷戦対立が、ソ連崩壊とともに終結し、約35年が経過した今、世界のパワーバランスは変化し、G7中心の「影響力構造」は揺らぎ始めています。

パワーバランスの変化だけでなく、冷戦崩壊直後はあれだけ輝いていた米欧中心のイデオロギーにも陰りが見え始めています。自由主義と民主主義を教条的に世界に広げようとすると、実は世界に少なくない専制政治を好む統治者はそれらを嫌います。

民主主義国であっても腐敗が社会インフラとして機能してしまっている国家は、米欧の求める透明性や公正なルールを忌避《きひ》する傾向にあります。

それらの国々では、米欧の支援は魅力的なものの、その国力を背景にした教条的な上から目線の価値観の押しつけに嫌気《いやけ》が差し、米欧が推進してきた自由主義から離れ、不公正で統制的な経済に近づく国家が増えるという減少が発生してしまっています。

その協調パートナーの代替受け皿になってきたのが、専制独裁・権威主義・民主主義であっても分け隔てなくビジネスだけで付き合おうとする中国でした。中国が良いというわけではなく、米欧のルールとは付き合い難いからとか、そもそも米国のジャイアンっぷりが嫌いだから、といった具合です。

実際、民主主義勢力の退潮は明らかで、定義の曖昧さはあるものの世界を民主主義国と専制・権威主義国の陣営とに分けると、すでに専制・権威主義国で暮らす人々の割合は世界人口の半分を優に超えている、とする研究報告も少なくありません。民主主義国で暮らす人口が少数派となった現在、外国に進出し、外国でビジネスをする日本企業は、どちらの陣営の国に対してもうまく事業を続けていかねばなりません。

そんな状況を経て、覇権超大国のディフェンディングチャンピオンたる米国と、覇権チャレンジャーである中国の闘いが急速に激化してきたのが、この10年といえるでしょう。

アメリカで2021年に施行された、新疆《しんきょう》ウイグル自治区からの物品輸入を原則禁止する「ウイグル強制労働防止法」のような法制度上のデカップリングが進んでいく中で、企業には米中で資本も事業も切り分けて、別会社で多元上場を図るなど、リスクマネジメントを重視した冷静な対応が求められます（詳細は第四部参照）。

そのような状況を無視して、単に米欧先進国にチャレンジする中国は「悪」とばかりに、感情論を満足させるような敵国認定を第一目的としてしまえば、制度として機能せず、対中包囲網は砂上の楼閣に終わる可能性が高くなります。実際に対中包囲網なる現象はそもそも存在していたのかさえ怪しい状態です。必要なのは正義のヒーローvs.悪魔や勧善懲悪論のような「敵を懲《こ》らしめる」というものよりも、サプライチェーンの安定供給を確保するために、国別信頼度をその都度、冷静にスコアリングしていくための情報を集めることです。

たとえば中国政府や研究機関は日本について、中国人民大衆の対日感情コントロールとともに、日本の政治家の個人情報を含め精緻に冷徹な分析しているにもかかわらず、日本側は、大衆からインフルエンサー、そして少なくない政治家まで「中国は独裁国家だからまるごと悪」という認識にとどまり、情報分析力に弱点を抱えたまま、「媚中《びちゅう》政治家◯◯のせいで日本は負けている」と国内の犯人さがしに終始しています。これでは勝負になりません。

また、時には相手国に対する「敵視」だけでなく「親近感」も弱点になります。同じ自由主義陣営のはずの韓国や台湾が、敵とはならずとも、情勢の変化次第で我が国にとって競合となったり、大きな別のリスク要因に転じる可能性もあるのです。台頭著しいインドも同様です。

敵対的な国・地域とも、友好的な国・地域とも、常にハイブリッド（多元的）で、ストラグル（適正な和訳がないので「蠢争《しゅんそう》」と名付けます）な関係性が常態化しています。静的で敵・味方といった白黒はっきりした定義よりも、動的なハイブリッド・ストラグル（多元蠢争）※［※2：12ページを参照］を想定して国際秩序を読み解くことが肝要でしょう。

国益を守りつつ、経済成長できることを証明する戦略

筆者は社会のあらゆる組織メカニズムを専門に研究しています。民間企業から、政府、政党、ＮＰＯまで組織の大小に関係なく、なんでもです。単なる組織研究オタクです。詳細なプロフィールは本書の著者紹介にありますので割愛しますが、慶應義塾大学を卒業後、

イギリス留学（遊学）、中国の北京大学で管理学（経営学）博士号を取得した後に、仕事として日本や海外を行き来しながら10年ほど放蕩していました。

２０２３年からはインドへ渡り、現在はインド政府立ＩＩＭインド管理大学（Lucknow・Delhi-Noida校）で公共政策センターフェローとして、経済安保、米中印Ｇ３構造、産業イノベーション、行政・企業腐敗などの研究を進めています。

こうした経験や蓄積から、これまでの中国ウォッチャー（チャイナ分析）のほか、新たな所属先となったインドの分析も含めての言論活動を行っています。

そこで本書では主に昨今、関心の高まってきている経済と政治の交わる部分での中国との応酬、経済安全保障の分野について現状分析と対中戦略を扱っています。

経済安保上の国別スコアリングは固定的であってはならず、変化する情勢の中で常に見直していかねばなりません。ところが日本の情報収集分析能力（インテリジェンス）は盤石とは言えないため、随時、敵と味方を設定変更解釈する能力にも欠けます。

現状では、「経済安保が必要」との漠然としたコンセンサスに政官が呼応し、その時々の情緒的な判断によって「（中露などの）仮想敵国を叩け」とばかりに、政府の部門が任意に制裁を科したり、企業活動を規制するといった、法律運用的に好ましくない未来の危険性を孕《はら》んでいます。

あらかじめ強調しておきますが、私自身は、経済安保は絶対的に必要だと考えます。そして、今般の経済安全保障法制に尽力されている政治家や識者を尊敬しています。だからこそ、その運用が政府のいくつかの部門によって過度に恣《し》意《い》的なものになって、結果として規制を受ける民間セクターの不満が爆発することを避けたいのです。無理なく民間企業も納得して制度を乗りこなせる環境を作るべきだと考えます。

経済安保には様々な期待や思惑が入り込み、「何でもあり」になって、掛け声倒れに終わるか、ないしは過度に強権性を内包したまま突き進むのか、見通しが良くありません。

このまま座視してはいけないと思い、本書では、誰でもわかるように経済安保への誤解を正しながら、そのコンセプトと運用を構造的に担保する、これまでにない観点で経済安保の全体像をとらえ直しています。政府サイドだけでなく民間企業にも役立つ、実践的フレームワークとして機能させる具体策を提示します。

その際、国益を達成するため、あらゆる手法を使って経済に介入してきた米中ほかの実例を豊富に紹介し、日本の競争力を確保するためには、どこが参考になるのか、ならないのかを示し、経済安保を「使える」ツールにするための、認識の変化を促します。

国益を守りつつ、経済成長できることを証明しなければ、日本はこのまま衰亡し、国家として終わってしまいかねません。今の分《ぶ》が悪い流れを変えるには、戦略が必要です。経済安保はその柱の一つになることを、本書を通じて読者の皆さんに理解していただければと思います。

中川コージ

※2　筆者が想定するハイブリッド・ストラグル（多元蠢争）

「戦争」、「冷戦」、「新冷戦」などとして用いられる日本語における「戦」の概念ではもはや表現することが困難になった、長期繰り返しゲームにおいての、敵や味方（もはや敵・味方というよりも、利害関係先として、すべてのプレーヤー・パーティーを一般化すべきである）が明確ではない複数者関係（国家間関係）を、ストラグル（蠢争）と定義づける。

この状況は、各焦点国家（プレーヤー）が最大限に合理性を求めながらも、過去に比べて膨大な情報が集まるようになった各国家トップの政治意思決定について、それに関わるリーダーら人間の情報処理の限界から発生している（限界合理性）。

焦点国家の視点として、過去のように対立軸が一元的ではなくなって、多元価値での競争原理によってマネージ不能ともいえる数多《あまた》の外部パートナーが認識される。たとえば、米中の両大国による対立軸は統治価値観（≠イデオロギー）、軍事、マネー、産業、文化、言語等々のあらゆる領域にわたる。

米ソ冷戦時のような「自由民主主義陣営」という一枚岩の多国連携がもはや成立し難いことは、統治価値観の軸のみが絶対的でないことの証左である。さらに多元価値の中で、「昨日の敵は今日の友」という概念に代表される絶え間ないポジション転換が外部パートナーごとに動的に発生する。

こうした多元価値・多数の利害関係・動的ポジション転換が発生する「複雑性」のもとでの意思決定は、リーダーらトップマネージメントチーム内の人間の合理的な判断能力を超えるため、情報が豊富であっても極めて限定された合理性に基づくものになってしまう。

短期的には資源投下すべき対象の優先順位をつけることさえ困難である。その結果、焦点国家の動態は、「素早く動いているが、結果的には漸進ないしはほとんど止まっている状態」になる、外からはそのように見えることが散見される。長期的で大胆な投資だけが、ほとんど唯一のゲーム盤面を変えていく力となるだろう。

はじめに

導入編——正しい対処は正しい現状認識から生まれる

第一部　基礎編——なぜ今経済安全保障なのか

第二部　実践編——経済安保を機能させる実践的なフレームワークの提案

第三部　米中分析編――激変する世界をどう見るか

第四部　戦略考察編――見えてきた日本の「勝ち筋」

巻末資料

参考文献、参照サイト

※敬称につきましては、一部省略いたしました。役職は当時のものです。
※写真にクレジットがないものは、パブリックドメインです。

装丁・本文デザイン　木村慎二郎
イラスト　Ｋｉｎａｋｏ

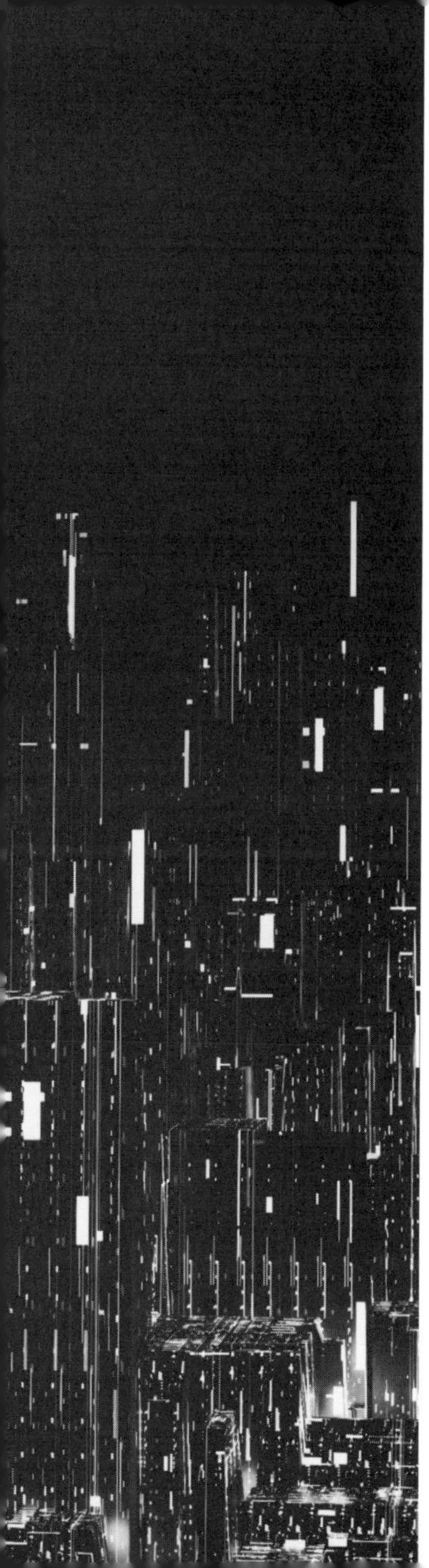

導入編

正しい対処は正しい現状認識から生まれる

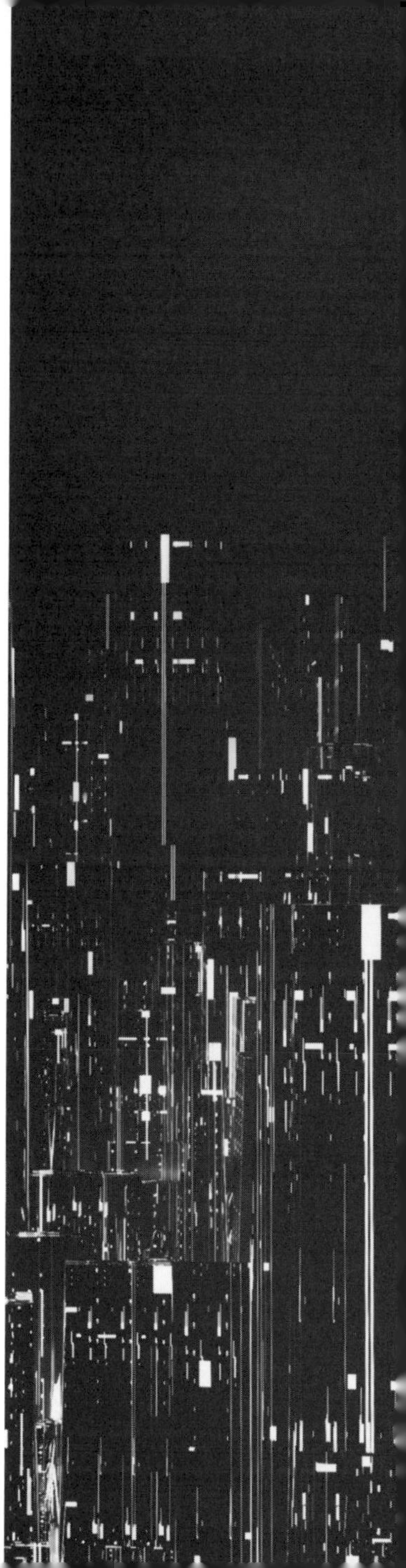

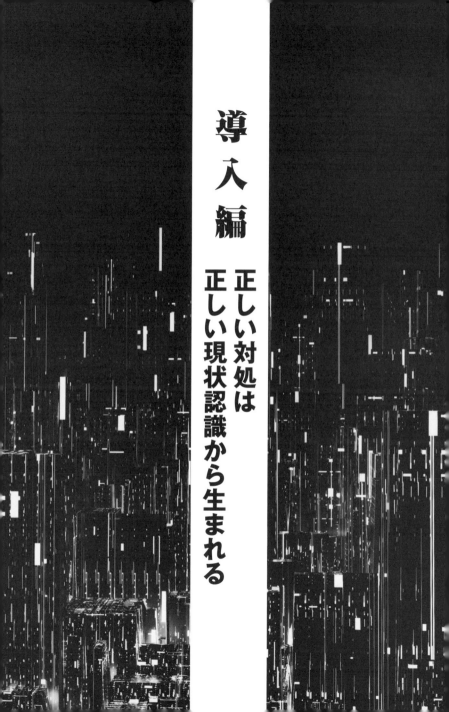

なぜ正しい中国分析ができないのか

「はじめに」でも述べた通り、近年、中国に関する日本国内の言説量は、爆発的に増えています。しかしその中には、語り手が言論界の大物であったとしても、中身は高校生レベルの旧共産国失敗の歴史のみを論拠に、現在の習近平《しゅうきんぺい》指導部の「独裁失敗可能性」を語っているようなものも少なくありません。

中国が強大な国家になったことは事実であり、人々の関心やメディアの注目を集めるのも当然のことではあります。しかし中国を「極悪独裁帝国」と決めつけ、断罪するだけでは、本当の中国の姿をとらえることも、それに対して日本がどうすべきなのか、という正しい対処法も見えてきません。特に中国の内政におけるロジックが分からないままに、「なぜ中国が今、このような対応に出るのか」「次にどのような行動に出るのか」を語っても全く意味がないどころか、ともすれば有害にすらなりかねない状況にあります。

そこでまずは経済安全保障を語るはるか以前の前提として、踏まえておくべき「対中認識」について解説します。

目下の話題は中国による台湾進攻、いわゆる「台湾有事」に関するものです。「発生は既定路線、あとの論点は2年後なのか5年後なのかにすぎない」というような断言調ののも散見されます。中国の野心についても、尖閣が位置する東シナ海にも拡張の意思を示し、南シナ海でも関係諸国と摩擦を起こしている。勝手に世界地図に「九段線」を引き、線の内側は中国の領域だと主張している……。台湾進攻も時間の問題だ、というわけです。

極論を言えば、10分後でも、明日にでも、「台湾有事」は絶対的に発生の可能性がありますが、正常性バイアスまみれのずさんな分析でその蓋然性《がいぜんせい》が高まったかのように吹聴するのは、デマゴーグの手法です。

このように、「中国は覇権志向に基づき、常に領土領海に拡張的である。地理的拡張は中国にとってメリットがある」という前提を土台として、論客たちが中国起点の軍事衝突の危機を煽る、という状況はここ数年続いています。しかも単に煽るだけでなく、煽ったうえで有事の日本の政治課題まで語るため、情報の受け手が「中国の動向や日本の政治事情にも詳しい人が、具体的に政策を語っている」と過度な危機感を感じてしまうのは無理もありません。しかしその実態はといえば、「政治リソースを無駄に割くノイズを振りまいている」ケースも否定できないのです。

確かに中国には領土的拡張の意思はありますが、中国の共産党指導部はやみくもに拡張思考だけにとらわれているわけではありません。その他の地域の外交や内政の要因もマネージメント課題であり、九段線や台湾だけを一側面で考えているわけではありません。また、日本を相手にする、日本に影響が及ぶ発信や政策であっても、すべてが反日思想に基づくものではないことは知っておく必要があります。

インテリジェンス的な思考として重要なことは、例えば「台湾有事」に関して言えば、主にアメリカや中国をとりまく内政や外交のイベントが現実的に発生ないしは将来の発生を北京中央や米国各政治中枢が織り込んだときに、我々観測者が北京中央の内部意思決定メカニズムを理解し、その動きを分析することで、「台湾有事」の発生蓋然性が高くなったか、低くなったかを地道に見定めていく作業です。米国大統領選の結果などはこの蓋然性に影響を与えるので、観測分析すべきイベントでありますが、「20XX年に台湾有事」説などはあまりにも静的な概念であって、動的な観測分析とは言えないでしょう。

北京中央的思考のエミュレーション（思考再現）の例をご紹介しましょう。2023年8月24日に行われた福島原発の処理水放出に対して中国側がこれを政治問題化した件です。青島市の日本人学校に石が投げ込まれたり、福島県内の店舗に中国（人）からとみられる嫌がらせの電話がかかってくるなどの騒動が起きました。政治的にも中国当局は日本産海産物の禁輸を発表しました。

これに対し、「中国は反日の独裁国家だから、政府がやらせているのだ」という保守系の意見だけでなく、「日本側が事前協議をして理解を得るなどの努力を怠ったために、中国がセンセーショナルに反応したのだ」といった政府批判派からの解説もありました。

しかし実際は、「自ら負け戦であると解りながら反日の展開せざるを得ず、表面的には合理性を欠くが、北京中央の内部ロジックとしては合理性があった」という建付けが見えてきます。なぜ彼らは分が悪い戦いを日本に挑んできたのでしょうか。

さかのぼれば2011年の福島原発事故発生当時、胡錦濤《こきんとう》指導部は放射能の影響にかなりヒステリックな反応を見せていました。中国の組織は指導者が変わっても共産党組織は続きますから、「組織としては間違いではなかった」という「党組織決定無謬性《むびゅうせい》」が引き継がれていきます。

党が以前に示したロジックを「実は間違っていました」と言って急に方針転換をすることができないため、福島事故関連の対応が転換不能となり、「あの時、放射能の危険性をあれだけ指摘したのだから、汚染水に関しても同様に厳しい姿勢で臨まなければならない」

という、いわば「２０１１年来の反汚染、抗日正統性を踏襲した」という内部ロジックが存在する強い可能性があります。

さらに他の可能性をひとつひとつ考慮していきます。――国内の不満をそらすためのガス抜き仮説――は考えられますが、それらは蓋然《がいぜん》性が高いとはいえません。当局が抗日のプロパガンダの上で意識コントロール対象としているのは知的レベルの低い人民層でありますが、当局が恐れるのは不満を抱えた人民の中でも社会的影響力のある知識人士（エリート人民層）による社会運動化です。不景気や言論弾圧によって当局の執政に不満を抱える知識人士は、処理水論争について中国側の主張に科学的根拠が乏しいことは重々理解していますしプロパガンダに流されません。つまり、非科学的なプロパガンダを当局が展開したところで当局への諸々の知識人士からの不満がガス抜きされることはありません。

また、――日本がどの程度反撃し、周囲の国がどう反応するかというデータを取るための実験をしている仮説――は正しいかもしれない仮説のひとつです。観測をベースに戦略をたてるＯＯＤＡループという手法ともいえます。要は中国側は日本の出方を観測し反応データを蓄積し、将来の別の日本との言論戦に備えるということです。

本件では、日本側の対抗反応が素早く、国際機関を通じての科学的根拠の提示、また各国の在外公館（大使館）ホームページでも掲示するなど多くの手段で「日本の主張が正しいこと、中国側の主張が非科学的であること」を持続的に発信しましたので、中国側が負け戦を続けることになり、大変有効な反抗アクションを展開できたと思います。中国側が「正統性維持のためにそうせざるを得なかった」弱みを突いて、日本の対中外交では近年稀に見る素晴らしいものでした。

いずれにしても「日本政府が悪いからだ」という中国無謬論に陥る人や、「中国政府、習近平は馬鹿だから科学を無視した暴挙を平気で行う」といった、もはや解説ですらない単なる誹謗中傷《ひぼうちゅうしょう》のような言論をいくら重ねても、日本が得るものは何もありません。

言うまでもないことですが、まずは相手を知らなければ対処のしようもありません。中国が強大になればなるほど、中国に対する理解、共産党という組織に対する理解、意思決定の仕組みや組織運営など、どういうメカニズムで動いているのかを、正しく把握する必要があるのです。内政に対する理解がないままに語られる「中国解説」は、いわば基礎工事が行われていない軟性地盤に家屋を建ててしまっているようなものです。共産主義国だから……、反日だから……、独裁国家だから……といった古臭く一面的な中国像だけで外交、安全保障、経済、内政などすべてを語ることには当然、問題がありますし、「その程度の理解で語っても視聴者や読者には真偽が分かるまい」といった姿勢は、不誠実なものでしょう。

切ないのは、こうした不誠実な言説を真に受けた政治家の一部が同じ土俵に乗って安全保障議論を展開してしまうことです。政治は本来、言論サーカスや言論ビジネスに付き合う必要はありません。

居酒屋トークレベルの対中解像度では国を誤る

そうした「誤った中国解説」のパターンはいくつかありますが、現時点での観測範囲で散見されるものを並べておきましょう。

- 「習近平、裸の王様」論
- 「習近平、盲目的経済政策軽視」論
- 「習近平、レガシー切望」論（台湾有事を既定路線として語る際に頻出）
- 「中共党上層部、内ゲバで合理政策実施不能」論

- 「世界に対して強権をみせつける、横暴で横柄な『中国』超大国」論
- 「成長率が頭打ちになるので横暴になる『中国』」論
- 20年前から語られ続けている苔の生えた「中国崩壊」論
- 「共産主義は歴史的に終わったことが証明されている（ので中国も終わる）」論

こうしたものは居酒屋トークとしては面白いかもしれませんが、国民が真剣に対中分析に関心を寄せている、つまり中国をしっかり分析して競り合わなければならない状況になっている現在、有害なものでしかありません。「実際の中国、共産党組織がどのように動いているか」を知らずして「分析」することはできないのです。

また、「米欧の有識者はこう言っている……」式に米欧先進国の権威を借りて解説を展開する論者もいますが、そもそも米欧のアカデミアもジャーナリストも、全体的に中国内部に対する解像度が日本に比べて高いとも言えません。

振り返ればほんの四半世紀前（2000年代初頭）まで、アメリカの多くの外交関係者や中国研究者は「中国は豊かになれば民主化する」と信じ込んでいました。中国との貿易関係を深めることで中国を民主的な国家に「軟着陸」させることができると信じていたのです。

しかしこうした予測（期待）は裏切られ、（実際はアメリカ側が勘違いしていただけな

のですが）騙されたことに気付いたアメリカは中国を「覇権を争う強大な敵」とみなすようになり、２０１０年代後半になって「米中デカップリング」「半導体輸出規制」を言うようになったのです。その中身については本書でも触れていますが、これはドナルド・トランプ政権期の後半から、ジョー・バイデン政権にかけて行われてきた政策で、規制をかけることで軍事分野を含む中国の成長を少しでも鈍化させることが狙いです。

なぜこうした対中認識の間違いが起きるのか。とりわけアカデミア以外の識者の傾向として、観測した現象を語る時に論拠欠如のまま発信するわけにいきませんから、自己の弁を補完するため、指導者の属人的性質（確かめようがないからウソにはならない）に求めてしまったり、時間の軸ずれ（往々にして米欧民主主義視点では5〜10年程度が範囲、中共は30年超の時間軸で試行する）を認識できないまま、見切り発車で論を構成することがあり、これが大きなエラー要因だと思われます。

そもそも論で言えば、米欧人に限らず、私たちはみな自分の価値観で物事を考えがちです。中国が、私たちから見ると不合理だったり、粗暴な態度だったりという、一見すると中国側にとって利得が少ない、あるいは明らかにマイナスであるように思われる言動（政策実施）をなぜ中国はあえてとるのか、を考える際には、「中国の意思決定メカニズムを考慮すると、どのような狙いがあるのか」を理解してから分析しなければなりません。

いわば、ＯＳも動作環境も、意思決定の仕組みも違うのですから、中国がある結論を出すまでにどのような経緯をたどってそうなったのかを、相手のロジックに則って考える必要があります。

外交的な反応であっても内政を考慮してのことであったり、中国としては共産党の政策一貫性の保持という観点から「国益を害しても、党益を守る」ことが必要なことだったりもするのです。にもかかわらず、北京中央のエミュレーションを無視した言説が多く発信されています。その発信者の読者やファンである日本人（感情保守層）が中国をあざける言論で留飲を下げるための、商業的発信になっています。中国は厄介な国であるというならなおのこと、「正しく怖れて、最大限の対応準備をしておく」ことが重要です。

特に、経済安全保障はその名の通りカバーしなければならない範囲が多く、それゆえに誤解が生じやすいテーマでもあります。

アメリカが「デカップリング」と言って関税を強化したり、経済安全保障の一つの部分である半導体対中輸出規制を決定すると、日本では「アメリカが本気を出して中国締め上げに乗り出してきた！　対立は火を見るより明らかだ！　我が国もアメリカと組んで中国を締め上げ、一泡吹かせてやるのだ！」と言わんばかりの雰囲気が醸成されていました。

しかし実際の経済安全保障は「それ一発で中国を締め上げる」といった類のものではありません。

また、中国を締め上げるとなれば、中国との貿易で潤っている日本の企業、ひいては日本経済にも少なからぬ影響が出るわけで、「部分的に中国にダメージを与えることはできたかもしれないけれど、日本の産業にも大きなダメージが生じた」、つまり返り血を浴びた、ということにもなりかねないのです。

政策と現場の乖離《かいり》でせっかくの方針が水泡に

こうした状況を避けるためには、経済安全保障の目的は何なのか、日本にとって何をどこまでやることが重要なのか、世界の潮流はどうなっているのか、各国はどう中国に対処し、中国はそれに対抗しようとしているのか、という実態をつかんだうえで、日本の戦略を立てる必要があります。

一方、政治的には制度を作った時点でその後の運用については現場任せ、という事態が見られます。たとえば２０１４年に成立した特定秘密保護法は公務員を対象に特定秘密を扱える職員かどうか、調査し、資格を得たものだけが高度な秘密情報に触れられるという制度ですが、成立から10年にあたる２０２４年７月に、厳しい実態が明らかになりました。

それは自衛隊員に対する適性評価をめぐる問題で、特定秘密を扱える人物であるかどうかの適性を評価するチェックが終わっていない人が現場に配置されたことで、指揮所内に適性のある人とない人が混在することとなり、評価前の隊員、つまり適性があるかどうか分からない隊員が「特定秘密を知りえる状態」に置かれてしまった、それによって大量の処分対象者が出てしまった、という問題です。

そもそも人員不足が深刻な自衛隊、特に海上自衛隊でこうした問題が多数発覚したのは、まさに制度と運用のギャップが埋まっていなかったことを示しているでしょう。25万人の隊員に対して適性評価を時間をかけて行わなければならない一方、現場では常に人員の移動や補充が行われており、ただでさえ人手が足りない中で「適性評価を得ていない隊員を現場から排除」すれば任務がこなせないという状況に陥っていたのです。

本書では２０２４年５月に成立した「特定秘密保護法の産業界版」と言われるセキュリ

ティ・クリアランス制度についても後で触れますが、対象が国家公務員である自衛隊ですらこうした問題が生じることは十分予見できたことですし、このまま「制度ができて、あぁよかった、安心だ」で運用を考えずに突き進めば、次は産業界でも同じことが起こりかねません。その際に国内に及ぶ影響はより甚大で深刻なものになるでしょう。

また、中国との間での経済安全保障でいえば、「中国に軍事転用可能な機械を輸出した」として外為法違反の罪で企業幹部が逮捕・起訴されたものの、のちに冤罪《えんざい》事件であることが発覚した大川原《おおかわら》化工機事件（2020年）も参考にすべきです。

この事件では警察の勇み足があり、実際には細菌兵器製造には転用できない仕様だった機械を無理な解釈で「転用可能」なものとみなし、証言を捏造《ねつぞう》するなどして起訴に持ち込んだものです。報道によれば担当の警視庁の中に「中国は強大で、軍需産業に関連する企業を世界に散らばらせ、軍事的に有用な技術や機械を入手しようとしている」と思い込み、中国の脅威を現実以上に大きく見積もった職員がいたことで、事件に対する姿勢が前のめりになり、結果として冤罪事件を引き起こすことになったという側面もあるようです。これも、輸出規制にかかる法の理念と現場の運用がずれたことで生じた問題ですが、そこへさらに「対中脅威認識」のずれが拍車をかけた格好です。

メディアで「対中警戒論」を発する論客の中には、とにかく中国をいかに強大で強《したた》かで、無法で危険な国家であるかを強調することに勤しんでいる人もいますが（そう言いながら一方では「脆《もろ》い」「権力の終焉《しゅうえん》が見えている」などと述べることすらあるのですが）、こうした一種の妄想を地上波やネットを通じてばらまくことで、日本全体の対中分析能力が低下するだけでなく、他でもない日本国民が利益を失うという事態すら起こりうる（実際にすでに起きている）のです。

日本政府の対中マネージメントは渋い状況

こうした状況下で、「中国内部のシステムを知ったうえで、冷静に戦略を分析すべきだ」という話をすると、特に現在のSNSでは「親中派」に分類されてしまうことがしばしばです。歴史的に日本では「親中派」が強い時期があり、それに対する反発として「反中勢力」が出てきたという経緯があり、「中国を批判するだけでウケる」という言論の土壌ができてしまったことは確かです。だからこそ、「中国批判ビジネス」が言論的に成り立つようになってしまいました。親中派は当時、それまで日中国家間の相互交流がなかったため、個人レベルの時間軸で新しい文化圏に触れた時のハネムーン的高揚感とともに、本気の（政治的意識ではなく）親中人士が現れ集うことによって顕在化してきたものです。

単に「中国には悠久の歴史がある」「日本とは一衣帯水《いちいたいすい》の長い関係性がある」「中国文化が好き、歴史が好き」「政治体制の違いは乗り越えられるだろう」といったもので、中国側の同様のアプローチもあり、政治家を含むインテリ層が取り込まれていったのが1970年代から1990年代頃までの状況でした。1989年には天安門事件が起きましたが、それでも親中の思いが覚めなかった人たちも多くいたわけです。

その後、ソ連が崩壊して中国も変化が求められるようになり、2000年代に入ってからは中国もWTO（世界貿易機関）に加入するなど国際ルールを守る姿勢を打ち出すようになりました。アメリカもこれを歓迎し、例の「民主化によって中国は軟着陸する」論が一般化するようになります。中国の経済力および外交力も飛躍的に高まった一方、共産党の集権的体制は変化せず、むしろ根底の集権傾向は強まっていきます。

これにより、次第に日中間では個人の交流レベルを超えた二国間の思想対峙および現実的な利害対立が高まり、日本国内庶民の親中感情が激しく低減することになります。

2004年の小泉純一郎総理の靖国参拝に対する反日デモや日本製品の不買運動があり、2010年には尖閣沖漁船衝突事件が発生したことで、日本人の対中好感度は一気に急降下することになりました。

その後現在まで、反中や嫌中が日本国内に広がって常態化しています。すると、こうした論を求める視聴者・読者も増えることになり、先ほどから警鐘を鳴らしているような虚実織り交ぜの反中言論が増えることになりました。商業反中言論も増え、情報受信者側はエコーチェンバーと正常性バイアス的ハウリングを起こすことになり、相手国のネガティブなニュースを一度信じ始めると、自身の感性の正しさを求めるためによりネガティブな情報をたとえ虚偽情報であっても求めだす、という状況に陥ります。

しかもこれは日本側のみの現象ではありません。中国当局側はそもそもは何十年にわたって教育を通じて反日感情を煽っていた犯人そのものですが、SNS時代になり、当局がコントロールできない反日ナショナリスト（中華愛国キッズ）も生み出してしまいました。SNSや動画の発展とともに中国側のナショナリストたちが越境し、日本国内のSNS上の反中言論にも噛みつき、または煽るものが出るようになりました。2024年に入ってからは、リアル世界の中国国内日本人襲撃事件や、中国人の靖国神社に対する嫌がらせ事件などが報じられ、相互不信が連鎖しています。

こうした大衆レベルでの日中双方の相手国に対する悪感情は、国家の政治意思を形成していきます。中国のように「執政党が大衆民意をある程度意識しながらも、独自の組織のロジックや手段で、民意と切り離した断固たる戦略姿勢を貫く」国はまだしも、日本は大衆感情が間接的に政治に反映してしまう民主主義国家です。

現在、日本政府の「対北京中央」の政治マネージメントはなかなか渋い状態にあります。政治家であっても中国に対する適切なレベルの脅威認識を持てないままの状況で、中国をターゲットに各国と連携し、日本の経済や国民生活を支える中国との貿易関係を「経済安全保障」の名のもとに適切に動かしていくことができるのか。非常に心配な状況にあります。

正しい判断は正しい現状認識からしか生まれないとすれば、民主主義国家の政治を支える私たち国民の認識を、しっかりとしたものにしていくほかありません。

そこで本書では、我々日本やアメリカが冷戦期のように中国との経済関係を断ち切れないからこそ生じている「経済安全保障」から入り、そのうえで正しく中国のロジックを知り、対峙していく方法について解説していきます。

まずは「経済安全保障とは何なのか」の基本から見ていくことにしましょう。

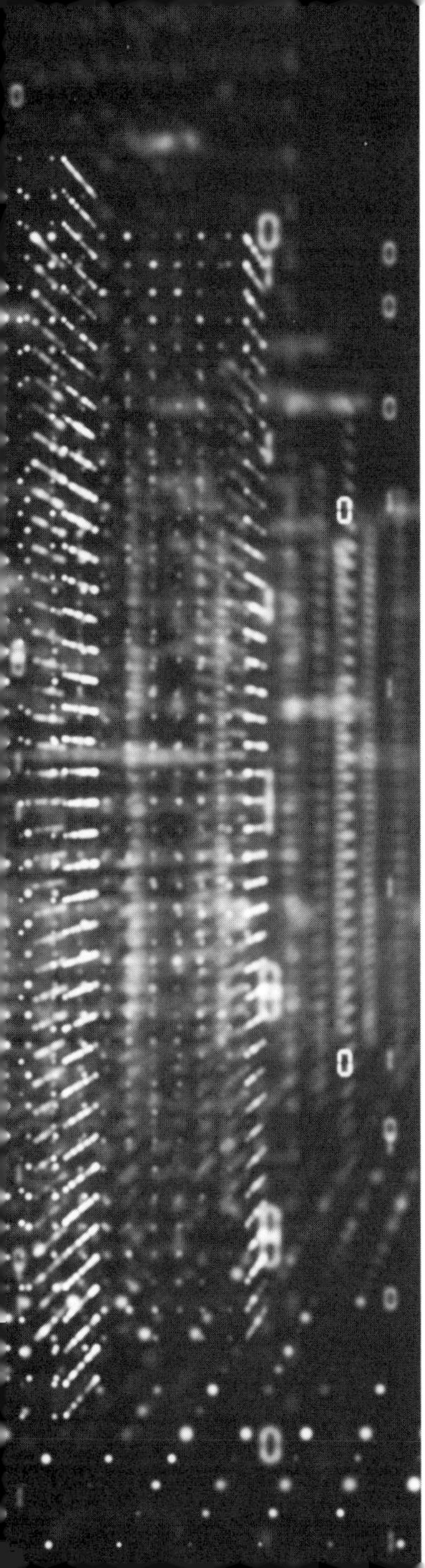

第一部 基礎編

なぜ今、経済安全保障なのか

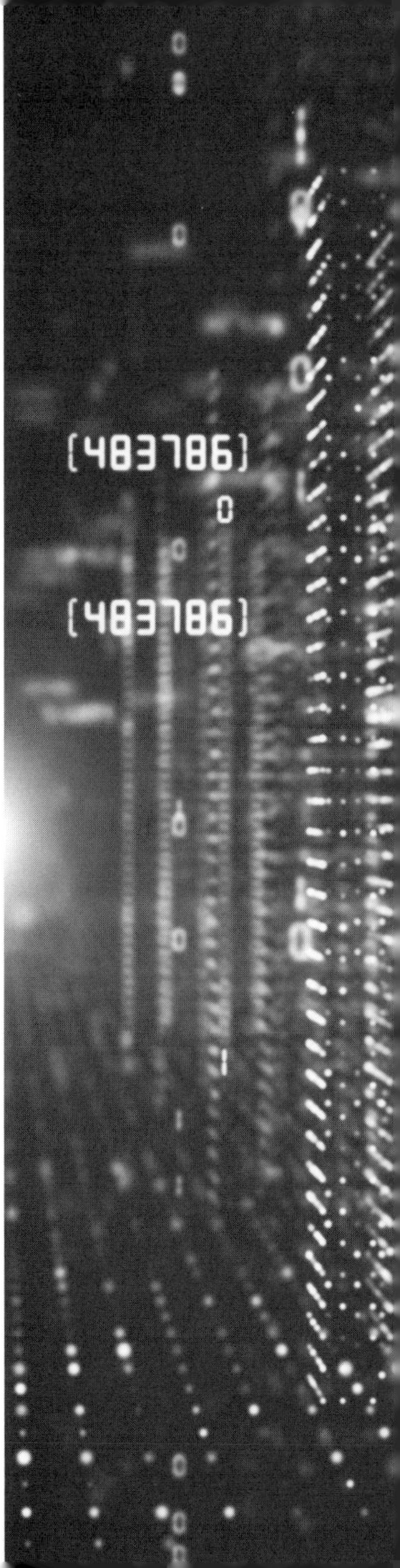

中国の成長が「政冷経熱」の時代を終わらせた

経済安全保障とは、これまでは「政治と経済」「経済と軍事」など、切り分けられてきた分野を、互いに影響を及ぼし合う地続きのものとして考えることにより、切れ目なく国益を守り、国家の目標を達成するための体制を構築する概念です。

「『経済も国家の安全保障に影響を及ぼす』なんて、そんなの当たり前じゃないか」と思われるかもしれません。確かにアメリカや中国では、経済分野での発展がいかに国家の安全保障に影響するかという観点は、当たり前に意識されてきました。

経済学者でもある戦略論の大家、エドワード・ルトワックは冷戦後の世界について「国家が産業界に補助金という名の火力を投下することによって、他国を圧倒するという地経学（ジオ・エコノミクス）の時代になる」と1990年代から指摘していました。

しかし日本では、これまで「経済は経済で、民間の自由な経済活動で発展していけばいい」「安全保障はつまるところ軍事の領域であって、経済とは関係ない」という理解が大勢を占めていました。あるいは民間企業には外交的に何らかの問題がある相手国とでも、「政府のやる外交は政治の問題、民間が担う経済とは別」として、政治と経済を切り離すことで、政治に邪魔されることなく、経済活動を活性化していこうという風潮がありました。政治的にもそういった論調を大衆に蔓延させておいた方が政治リスクを低減できるため、政党や政治家にとっては好都合だったといえます。

大企業はともかく中小零細の民間企業は、ビジネス現場では「政治タブー」を意識して政治問題に触れないことが一般的でしたし、ましてや外交課題を自分ごととして意識することはなく純粋な経済利益追求だけに邁進してきました。２０００年代の日中関係が「政冷経熱」と言われたのが象徴的です。

また、米ソ冷戦崩壊後には、「自由貿易が発展し、国々が経済的なつながりを深めれば深めるほど、利害関係があらゆる国家間に構築されることになり、紛争や戦争の危険性が低減される」という言説も一般化しました。「相手が戦争で傷を負えば、利害関係の深いこちらも経済的損失を負うことになる。経済的結びつきの強い相手国に対して、そんな馬鹿な真似はそうそうしない、できないだろう」というわけです。

ところが経済的な利害関係が深まったことを、逆手に取る国も出てきました。日本も関係する事例として象徴的なのは、２０１０年に尖閣沖で発生した中国漁船衝突事件です。

この事件では当時の日本の民主党政権が漁船の船長を逮捕・勾留しましたが、これに対し中国側は釈放を要求。日本が応じない姿勢を見せたところ、中国側は中国に駐在する日本企業の社員を逮捕・勾留するとともに、日本が多くを中国からの輸入に頼っていたレアアースの対日禁輸（輸出枠の削減による実質的な輸出停滞）を実行したのです。

政治・外交の場面での軋轢《あつれき》を、経済面からの圧力で自国に有利な形で解消しようとする中国の強硬な手法に、日本は当時、驚かされることになりました。

もちろんそれまでにも、政治と経済、経済と安全保障というつなぎ目の部分を意識せざるを得ない事例はありました。たとえば１９８０年代には日米間で貿易摩擦が激化し、安い日本製品に国内市場が席巻されることを危惧《きぐ》したアメリカとの間で、外交問題に発展しています。

しかしこの時は、「摩擦が生じた」とはいっても日米は同盟関係にあり、その後日本経済が長期不況に突入したこともあって、日本の政治の場面で「経済安全保障」が強く意識されるには至りませんでした。

ところがその後、中国が急速に経済成長を遂げ、安全保障上も周辺国に脅威と感じられるような台頭を見せている中で、中国が自国の市場や「世界の工場」としての立場を外交的・安全保障的圧力に使い始めています。また、これまで経済力、技術力、軍事力で他を圧倒していたアメリカに、中国が迫りつつあります。それにより、日本も経済安全保障をいよいよ意識せざるを得なくなりました。

また、そこには2020年から始まった新型コロナウイルスの世界的流行も影響しています。2020年の流行当初、マスクなどの物資の買い占めや、各国の物流網の停滞・混乱があり、必要な商品が必要なだけ手に入らない、といった事態が生じました。

これは必ずしも中国が「マスクを敵対国には輸出しない」という態度を取ったことに由来するものではありませんが（逆に「マスク外交」と称し、アフリカなどの国に対して不足しがちなマスクや防護服を提供する活動は行っていた）、「いざという時に、必要な物資が手に入らない」という事態に直面した日本は、自ずと自国の経済安全保障面の現状を見つめざるを得なくなったのです。

ゆえに自民党は党内に新国際秩序創造戦略本部を設け、経済安全保障に関する検討を行い、2020年末に提言「『経済安全保障戦略』の策定に向けて」を発表。「提言」では経済安全保障を「経済的手段による国益の確保」と定義づけ、経済安全保障戦略構築の重要性を謳《うた》っています。

主に重視されているのは、日本の先端技術が海外に流出し、日本の産業的な価値を失うとともに、それが軍事転用されることによって日本にとっての脅威が増すこと。そして貿易相手国に特定品目で過度に依存することにより、その品目を盾にとって外交的・軍事的圧力をかけられた際にこれをはねのける力を持たなければならない、という二点です。

こうした発想に基づき、2021年9月に誕生した岸田文雄政権は、「経済安全保障体制の構築」を政策の目玉とし、経済安全保障担当大臣のポストを設置。2022年の関連法案成立に向けて走り出し、同年5月に経済安全保障推進法が成立しました。

この間の政界と産業界（財界）における経済安全保障に関する議論の内容は「巻末資料」にまとめましたので、ご興味のある方はご覧ください。

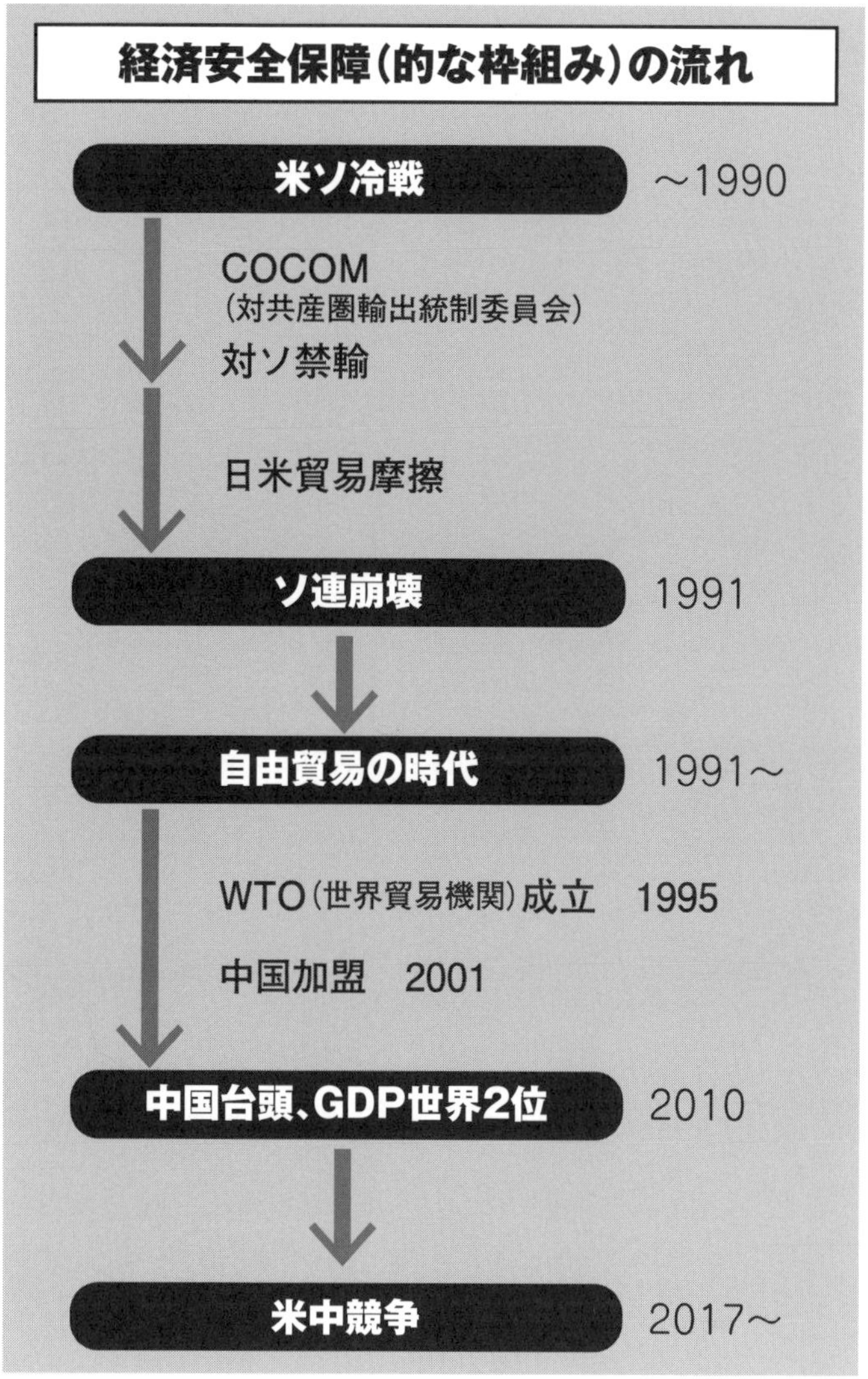
経済安全保障(的な枠組み)の流れ
米ソ冷戦
～1990
COCOM
(対共産圏輸出統制委員会)
対ソ禁輸
日米貿易摩擦
ソ連崩壊
1991
自由貿易の時代
1991～
WTO(世界貿易機関)成立　1995
中国加盟　2001
中国台頭、GDP世界2位
2010
米中競争
2017～

関与政策から舵を切るアメリカ

日本で経済安全保障に関する議論が高まってきた背景には、先にも触れた中国の成長・台頭と、米中対立の高まりという国際社会の潮流があります。

近年、経済的にも、軍事的にも台頭してきた中国は、「中華人民共和国成立から100年を迎える2049年までに、名実ともにアメリカを超えて世界一の国になる」、との国家目標（中国共産党目標）を陰に陽に掲げ、あらゆる施策を打っています。特に科学技術の発展は国家にとって経済だけでなく国防にも不可欠であるとの意識から、まさに国を挙げて重点分野に投資を行ってきた経緯があります。

その目標を達成するため、中国は、伝統的な「統一戦線工作」という概念のもとで、世界各国に点在している中国人（華人）をネットワークとして使い、時には滞在国の優良企業の技術を盗み出したり、あるいは軍事技術と民生品製造の垣根を低くすることによって、双方の発展に良い効果をもたらそうという発想も生まれてきました。これが現在の中国の「軍民融合」の発想につながっています。

とは言え、「軍民融合」は、もとより日米などでも一般化していた「デュアルユース」という概念とほぼイコールです。わざわざ中国が「軍民融合」に大きな舵を切った（と宣言した）のは、歴史的経緯から実質的に中国共産党のもとに、中華人民共和国（国家）と中国人民解放軍（軍）がぶらさがっているホールディングス構造になっているからです。

日本は米欧先進諸国等に比べて軍事タブーイデオロギーが根強くあるため若干特殊ではありますが、米欧は国家に軍と民間企業が属しており、その二つのセクターはある程度自由にデュアルユースの行き来ができます。

しかし中国共産党のもとでの国家と軍は別の事業組織であり、この行き来は上部構造である中国共産党が主導しなければならない。より厳密にいえば中国共産党中央委員会（党）総書記であり、かつ中央軍事委員会（軍）主席であり、中華人民共和国（国家）国家主席である習近平氏個人が「強力なリエゾン」を宣言して主導する必要があったのです。

２０１７年１月に北京中央が中央軍民融合発展委員会を設置し、習近平氏自らがその主任ポストに就任したのはそのためです。

こうした中国側の統合総力化傾向に危機感を持ったのがアメリカでした。中国の経済発展が、すぐに軍事的成長につながる道筋ができつつありました。それまでアメリカは「中国が豊かになればいずれ民主化するだろう」との楽観的観測を元に、中国を支援するという関与政策を実施していました。

もちろんこれまでも、中国の経済的・技術的な台頭に対する懸念がなかったわけではなく、中国を対象とする外資規制や、米中の相互依存が高まっていく中で問題点は生じていないか、監視する制度も整えられてはいました。しかし基本的には、たとえば中国をWTO（世界貿易機関）に引き入れることで、むしろ国際ルールを順守することが中国を利するのだと理解させ、中国の政治体制をソフトランディングさせようという思想や期待も根強くあったのです。

ところが中国は力をつければつけるほど、自国の主張をあらゆる力をもって国際社会へ押し出そうという方向へ進んでいくことになりました。さらには軍事力の急拡大も顕著になりました。

そして2016年に「アメリカの製造業のお株を奪ったのは中国である」とし、選挙活動中から貿易不均衡を訴えていたトランプ氏が大統領に就任。トランプ政権が誕生すると、当初こそ「米中蜜月」と言われる関係を築きかけましたが、早くも2017年末頃からは貿易不均衡を批判する姿勢に立ち返りました。

トランプ大統領は中国を名指しで批判し、「知的財産権を侵害している」「アメリカにあるいいものを盗んでいる」「アメリカ国民の富や仕事が中国に奪われている」と批判、中国からの輸入品に関税をかけると、中国側もこれに対抗するようになりました。

習近平国家主席との間で貿易不均衡の解消について話し合われたものの合意には至らず、2018年に中国の対米貿易黒字額が過去最高を更新。するとアメリカは緊急輸出制限を発動し、中国が世界2位のシェアを持つ太陽光パネルに追加課税をかけました。

アルミや鉄鋼に課税すると、中国も報復としてアメリカから輸入する果物に報復関税をかけると発表、これに対しアメリカは中国製品1300品目を関税対象とし、「米中関税合戦」が勃発。お互いに次々に関税をかけては報復し合う様相になりました。

新しい米中関係を定義づけたペンス演説

さらに2018年10月、マイク・ペンス副大統領がシンクタンク・ハドソン研究所で「中国共産党が我々の技術を盗んでいる」などと強く中国を非難する演説を行っています。その内容は次のような激しいものでした。

〈過去17年間、中国のGDPは9倍に成長し、世界で2番目に大きな経済となりました。この成功の大部分は、アメリカの中国への投資によってもたらされました。また、中国共産党は、関税、割当、通貨操作、強制的な技術移転、知的財産の窃盗、外国人投資家にまるでキャンディーのように手渡される産業界の補助金など自由で公正な貿易とは相容れない政策を大量に使ってきました。

中国の行為が米貿易赤字の一因となっており、昨年の対中貿易赤字は3750億ドルで、世界との貿易赤字の半分近くを占めています。トランプ大統領が今週述べたように、大統領の言葉を借りれば、過去25年間にわたって「我々は中国を再建した」というわけです。

現在、共産党は「中国製造（メイド・イン・チャイナ）2025」計画を通じて、ロボット工学、バイオテクノロジー、人工知能など世界の最先端産業の90%を支配することを目指しています。中国政府は、21世紀の経済の圧倒的なシェアを占めるために、官僚や企業に対し、米国の経済的リーダーシップの基礎である知的財産を、あらゆる必要な手段を用いて取得するよう指示してきました。

中国政府は現在、多くの米国企業に対し、中国で事業を行うための対価として、企業秘密を提出することを要求しています。また、米国企業の創造物の所有権を得るために、米国企業の買収を調整し、出資しています。最悪なことに、中国の安全保障機関が、最先端の軍事計画を含む米国の技術の大規模な窃盗の黒幕です。そして、中国共産党は盗んだ技術を使って大規模に民間技術を軍事技術に転用しています〉

中国の技術開発が、いかにアメリカの脅威となっているかが具体的に読み取れます。人権問題、アメリカの選挙に対する介入、領土的野心、知的財産権などの窃取など様々な論点を挙げながら、中国に対する警戒を強めるべきだと警鐘を鳴らしました。

さらに同年11月には習近平国家主席がアジア太平洋経済協力会議で「保護主義と単独主義が世界経済に影を落としている」とアメリカを非難し、米中対立が決定的になりました。集権体制の中国が自由貿易を唱え、自由を標榜するアメリカに対して「保護貿易を行っている」と非難する、まさかの捻れ構図となったのです。

加えてアメリカは中国企業・ファーウェイの通信機器を使わないよう、同盟国に要請したとの報道を受け、アメリカ政府の要請でカナダ司法局がファーウェイ創業者の娘で副会長の孟晩舟《もうばんしゅう》を逮捕。さらに翌年も関税戦争は続き、さらには中国がレアアースの禁輸をほのめかすなどし、アメリカ側も中国のスーパーコンピューターを開発する5団体をエンティティリストに指定しました。

2020年にもトランプ米大統領は中国IT企業のバイトダンスやテンセントとの取引を禁じる大統領令に署名するなど、攻勢を強めましたが、中国側は世界貿易機関にアメリカの関税が不当であることを申し立て、世界貿易機関の小委員会が中国の言い分を認める事態に至りました。

アメリカはこれに先立つ2017年から「国家安全保障戦略」で中国を「競争相手である」と名指しし、さらに2018年には「国防権限法2019」を成立させ、中国への技術流出を防ぐべく体制強化に乗り出してきました。

さらには「バックドア（システム上のセキュリティにあらかじめ作られている脆弱《ぜいじゃく》な穴。ドアのようにここから情報が一方的に送信されるなどのケースもある）が仕込まれている」などという理由から、公的機関などでのファーウェイの使用を禁じました。これがまさに「経済安全保障」の象徴的な一側面で、中国製品の流通という経済・産業的な側面が、アメリカという国家の安全保障に与える影響について考えざるを得なくなったことを示しています。

また、軍事という意味の安全保障に限らない、社会的な中国の影響力工作に対する視点から、中国が教育機関を装って各大学に設けていた、実質的な中国共産党の影響力拡大工作拠点とみなされた孔子学院などへの警戒が高まり、閉鎖に追い込むなど、あらゆる面での対中警戒度を一気に上げてきたのです。

こうして、米中は一般的には「新冷戦」とも言われる状況に突入しました。「自由貿易による（二国間）相互依存の深まりで、戦争のリスクは低下する」と言われていたこれまでの流れを逆流させ、「むしろ経済的に一国に深く依存することが自国の安全保障を脅かす」という観点から、「米中デカップリング（分離）」論が出てくるようになったのです。

ただし実際には、米ソ冷戦時のようにくっきりと東西ブロックを分けるようなものではなく、一部を除き経済・貿易関係は継続している点に注意が必要ですので、筆者自身は「新冷戦」と呼ぶことをなるべく避けています（詳しい理由は後述します）。

２０２１年からスタートしたバイデン政権でも、対中姿勢はほとんど変わらず、むしろ経済だけでなく人権問題をも使って中国に対抗する施策を打ち出しました。「はじめに」でも触れた「ウイグル強制労働防止法」はその象徴です。また、２０２２年からは先端半導体や半導体製造装置などの対中輸出を制限する「対中半導体輸出規制」措置も導入しています。こうした動きは日本も決して無関係ではありません。

中国での知的財産の扱い、中国が行っているアメリカに対するハッキングの疑いなどとともに、人権問題や南シナ海の領土問題なども合わさって、アメリカにおける対中非難が高まり、米中間の摩擦が激化し、日本にもその波が押し寄せたのです。

アメリカの国内法で日本企業が影響を受ける理由

日本も、対中警戒の観点から、「中国をはじめ、一国に過度に依存している品目やジャンルはないか」「中国など、他国に盗まれている情報や機微技術はないか」「学術交流の名のもとに、日本の技術者が中国の軍事研究に貢献していないか」といった懸念が生じ、何らかの対応をしなければならない、という機運が盛り上がってきました。

また、アメリカが独自の基準をもって中国企業との取引の可否を決めるようになったことで、中国も対抗措置を取るようになり、さらに米中と取引関係のある日本企業は、米中の法整備の状況を踏まえたうえで、それぞれの規制に沿わなければ取引が不可能になる事態さえ生じかねないのが現状です。両国と深い関係にある日本は、とりわけ敏感にならざるを得ないわけです。

早速、バイデン政権の対中半導体輸出規制で影響を受けたのが日本の半導体製造装置を生産している企業です。日本のメーカーである東京エレクトロンやアドバンテストなどは半導体製造装置で世界的に強みを持っており、日本全体で世界シェアの30％を占めています。

この売り上げの一部には中国向け輸出も含まれていましたが、アメリカの対中半導体輸出規制方針を受けて、アメリカは日本に先端半導体を製造できる可能性のある装置の対中輸出を規制するようにという申し入れを行い、日本側がこれを受け入れています。これにより、２０２３年以降、中国は日本メーカーの旧式製造装置、つまりアメリカの規制に引っかからないものを多く輸入するようになっています。

これを見ても分かるように、直ちに日中間の貿易に大きな影響や企業に打撃が及ぶわけではありませんが、アメリカの規制により日本の強みである物品の輸出に影響が及ぶ、という点は重要です。こうした、他国の動向がいかに国内企業や貿易に影響を及ぼすのか、という経済インテリジェンス（産業経済に関するインテリジェンス）が、これからはこれまでにも増して必要不可欠となるのです。

まとめると、「なぜ今、経済安全保障なのか」の最大の理由は、米中対立が表面化し、最も大きな貿易相手国のひとつである中国（ちなみに2023年にアメリカの輸入額首位はメキシコでした）が、日本と同盟関係にあるアメリカと覇権を競うフェーズに入ったから、といえます。

アメリカが、国力的に猛追してくる中国を「競争相手」とみなし、国際社会におけるプレゼンスを維持するためには、「中国よりも強く、豊かでなければならない」からこそ、経済安全保障を意識せざるを得なくなった。つまり、中国の成長を鈍化させ、アメリカの地位を保ち続けることにこそ、その目的があるのです。

しかし、長年覇権大国だったアメリカの対中政策は、横綱相撲過ぎる傾向で、危ういこともあります。中国を独裁の大企業病と侮るなど、大味です。中国側は自信のなさからアメリカの対中政策変更に機敏に対応していくため、この差は大きいです。

日本にとって「経済安全保障」を考慮すべき相手国は必ずしも中国だけに限らず、日本政府も中国を対象としたものだとは明言していませんが、こうした経緯や概念を見ても、現時点で実際に最も考慮すべき相手が中国であることは論をまちません。ただし、あくまでもアメリカと中国の対立において、日本の取るべき道は「米国追従のみではない」ことも注意が必要です。

「経済的手段で相手に政治的意思を強要する」

経済安全保障の訳語として「エコノミック・ステイトクラフト」があてられることがありますが、国際政治経済学の専門家で東京大学大学院教授の鈴木一人氏は、「経済安全保障」と「エコノミック・ステイトクラフト」の違いについて、次のように指摘しています。

〈経済安全保障とは、基本的に『守り』の姿勢を示すものである。一方、エコノミック・ステイトクラフトは『経済的手段を用いて、政治的意思や価値を他国に受け入れさせること』であり、『相互依存の武器化』『貿易の武器化』『武器を使わない戦争』と称されるように、『攻め』の姿勢を示すものである〉（安全保障・外交政策研究会「提言・論考」より）

現在、日本で主に議論されているのは「守り」の側面であり、かねて行われてきた輸出管理や、日本人科学者の中国への渡航、秘密特許など、「日本の機微技術や研究が中国に流出しないよう、いかに防御するか」に関する議論はその核心部分にあたります。

また、エコノミック・ステイトクラフトに関しても、自民党戦略本部の「提言」(「巻末資料」参照)などでは、「日本が戦略的不可欠性を持つことによって、国際社会での発言力を高める」といった「攻めの視点」が意識されてはいるものの、具体的に「何の分野で不可欠性を持ちうるのか」「経済面で日本が不可欠性を持ったうえで、相手国に対して外交的に何を要求するのか」は、現時点ではかなり漠然としています。

現状、エコノミック・ステイトクラフトに関しては、やはり日本が「攻める」視点ではなく、「経済面のつながりを利用して外交的にかけられる可能性のある中国からの圧力」、つまり中国による対日エコノミック・ステイトクラフトを、いかに回避するか、に力点が置かれていると言っていいでしょう。

このように、日本ではなかなか言及されない「攻め」の視点ですが、実は2019年に日本は韓国に対して「エコノミック・ステイトクラフトを行ったのではないか」とみられる事例が発生しています。

それはいわゆる「韓国のホワイトリスト外し」で、日本がこれまで韓国を優遇措置に基づく緩い審査に基づいて取引していたフッ化水素などの（日本から韓国への）輸出品について、韓国の輸出管理に問題があると指摘し、ホワイトリストから外して特定品目について包括許可から個別許可に変更しました。

日本政府は「あくまでも韓国の輸出管理が甘く、日本からの輸出品が北朝鮮などに渡り、武器開発や製造に使われかねない」ためだとしていましたが、韓国側は2019年までに日韓間で懸案になっていた徴用工裁判に関する韓国大法院の「日本企業に賠償を命ずる」判決に対するエコノミック・ステイトクラフトだと受け取りました。

つまり、大法院判決に対して、韓国政府として何らかの（日本の意に沿うような）措置を取らせる外交的成果のために、輸出管理制度という経済面での手法を使って圧力をかけてきた、と受け取ったのです。日本側はあくまでも「輸出管理の不備を正しただけだ」としていましたが、相手はそうは受け取らなかったのです。

この時韓国は、徴用工裁判への対応は行わなかったものの、日本に対して対抗的なエコノミック・ステイトクラフト政策を取らず、自国の輸出管理を厳格化するという方法を取りました。日本政府の「ホワイトリスト外し」の目的が韓国の輸出管理の体制強化にあったのであれば成功ですが、仮に徴用工裁判判決への何らかの対応を求めていたのであれば、エコノミック・ステイトクラフトとしては意味がなかったということになります。

このように、エコノミック・ステイトクラフトは「攻め」であり、時に強い手段にはなり得ますが、必ずしも相手が意向通りに動くとは限らないばかりか、むしろかけた側が損をする事態にもなりうるという点に注意が必要です。

頻発する「経済・貿易の武器化」事例

過去にも「経済安全保障体制」に関する事件は、日本やアメリカのみならず世界中で起きています。またひと口に「経済安全保障に関わる事件の実例」といっても、サプライチェーンに関わるもの、サイバーセキュリティ、情報漏洩、輸出管理など、その種類や手法、目的などは多岐にわたります。ここでは日本企業が対象となったものを中心に、いくつかの事例を見ていきましょう。

レアアース対日禁輸措置　サプライチェーン＋エコノミック・ステイトクラフト

日本が２０１０年に中国から受けた「レアアース禁輸」措置は、経済分野における措置を外交目的に利用した、エコノミック・ステイトクラフトの事例です。尖閣沖中国漁船衝突事件で逮捕された中国人船長を日本の当局が逮捕すると、中国側は釈放を要求。日本が応じないとみるや、中国はレアアースの実質的な対日禁輸措置に踏み切りました。

２００９年時点で日本はレアアース輸入の89％を中国に頼っていました。中国としてはその依存度の高さを武器に外交的な要求を日本に突きつけた格好です。

日本は中国以外のレアアース輸入先を模索、さらにレアアースなしで製造できる製品を開発するなど、「脱中国」に励み、２０１５年には対中依存度を55％まで減らしました。

また、日本はこの禁輸措置をＷＴＯ協定違反だと抗議し、これをＷＴＯも認めたため、中国は２０１５年1月に「対日禁輸」制限を撤廃しました。

中国は「攻め」の姿勢で輸出に関わる部分を使い、日本に外交判断の変更を迫りましたが、日本が思うような行動をとらなかったことに加え、結果的に輸出面でも中国が損をすることになった事例といえます。

東芝ココム違反　不正輸出

１９８０年代、米ソ冷戦下ではＣＯＣＯＭ（対共産圏輸出統制委員会）と呼ばれる輸出管理の枠組みがありました。日本やアメリカ、西洋諸国など資本主義国で、ソ連など社会主義諸国に対する戦略物資・技術の輸出を統制するために設けられた協定機関です。

東芝は１９８２年から１９８４年にかけて、ココム規制に該当する大型船舶用プロペラ加工機や制御用プログラムなどを、「規制に違反するものと知っていながら」該当しないかのように偽装し、ソ連に輸出したことが発覚。この技術がソ連の潜水艦の性能を向上させたという指摘もあり、東芝機械と中堅幹部が罪に問われることになりました。

ヤマハ発動機無人ヘリコプター　不正輸出

２００７年、ヤマハ発動機が、軍事用途に使われる可能性がある無人ヘリコプターを、本来許可が必要だった中国の人民解放軍関連企業に無許可で輸出したとして、会社と社員が外国為替および外国貿易法違反の容疑に問われた事件です。

東芝ココム事件と違い、逮捕された社員は「外為法による規制を認識したうえで万全を期して輸出を判断した」と主張しており、企業側のコンプライアンス管理と、外為法違反を指摘した、輸出管理の担当官庁である経産省の見解のずれが明らかになりました。

ＪＡＸＡへのサイバー攻撃　サイバーセキュリティ

２０１６年頃、中国共産党員が日本のレンタルサーバーを偽名で契約し、ＪＡＸＡ（宇宙航空研究開発機関）をはじめ、防衛産業、研究機関などに対してサイバー攻撃を行い、情報を窃取しようとしていた事件です。この時の攻撃には中国共産党のサイバー攻撃専門部隊である「６１４１９部隊」が関わっていたという報道もあります。

三菱重工サイバー攻撃　サイバーセキュリティ

２０１１年、三菱重工の本社、造船所、製作所などのコンピュータがウイルスに感染するサイバー攻撃を受けたと報じられました。当初、三菱重工は機密情報の流出はないとしていましたが、のちに調査を進めた結果、戦闘機、ヘリコプター等の情報が流出した可能性があると報道され、その後、三菱重工も情報が社外に流出した可能性があることを発表しています。

さらに２０２０年にも三菱重工はサイバー攻撃を受けており、この時の攻撃の主体も中国を拠点にした人物や組織ではないかと指摘されていますが、実態は明らかにされていません。

積水化学企業秘密漏洩　ヒューミント

積水化学工業の従業員が、スマートフォンのタッチパネルなどに使われる電子材料の技術について、製造工程を中国企業の中国人社員にメールで送信していた事件です。動機について仕事上のプレッシャーがあり、中国企業とのやりとりを通じて「相手の技術を得ることでプロジェクトを成功させたい」という動機があったと供述しており、不正競争防止法の罪に問われ、有罪判決が出ています。中国の国家的関与があったかは不明です。

LINEデータ保管問題　データ管理

親会社が韓国企業であることから、日本人ユーザーのデータが韓国に置かれていたうえ、韓国のみならず中国からもデータが閲覧可能になっていたことが明らかになった事件です。

これだけでも問題ですが、日本は厚労省をはじめとする行政機関や地方自治体が、様々な形でLINEを市民サービスの一環として利用していた現状があります。こうしたデータ管理の不備が明らかになった時点で、行政の取り組みを大幅に見直すべきでしたが、ほとんど話題にならず、ユーザー数も変化が見られませんでした。

その後、ＬＩＮＥは日本国内最大のポータルサイトであるＹａｈｏｏ！と合流し、さらに多くのユーザーの多岐にわたる情報を管理すべき立場となりましたが、管理体制はあまり変わっていないようです。２０２４年3月にも51万件のデータが流出したことが発覚し、総務省が二度の行政指導を行うに至りました。

経済安全保障は本当に機能するのか

こうした状況で、日本政府は２０２２年5月に経済安全保障推進法を成立させ、２０２４年5年から運用開始となりました。多岐にわたる分野をカバーしなければならない経済安保ですが、様々な議論を経て、法案の柱は以下の４つに絞られました。

①サプライチェーンの強靭化
②基幹インフラの安全性・信頼性の確保
③官民技術協力

④出願特許の非公開化

サプライチェーン一つとっても、半導体から医薬品の確保まで、実に幅広い経済主体が想定されています。そのため、「経済安全保障」の概念は政府、民間企業、学者の視点それぞれによって、微妙にその認識がずれているのではないか、との懸念があります。

当然ながら輸出入や海外との人材交流等も関わることから、諸外国の制度、概念との比較、情報収集や分析も必須です。

日本では本来、賛否が分かれがちな安全保障に関わり、民間に対するある種の「強制」を含むものでありながら、こと経済安全保障に関しては野党やメディアからの強い反発はなく、産業界、学術会などからの部分的な懸念以外には目立った反対の声はありません。

それだけに、見落としている論点があるのではないか、あるいは「ぶち上げたはいいけれど、本当に機能するのか」が十分に検討されているとは言い切れないのが現状です。

「経済安全保障」研究の第一人者である村山裕三・同志社大学教授は、確かに民生技術を安全保障のレンズを通して見ておくことは必要である、としながらも、こうも指摘しています。

〈経済安全保障を広く解釈すると、経済に不可欠なエネルギーをいかに確保するか（エネルギー安全保障）や、生活に不可欠な食料をいかに確保するか（食糧安全保障）の領域まで拡大解釈することも可能である。このように経済安全保障は拡大解釈が可能なために、あいまいなコンセプトにならざるを得ない〉

〈（自民党は「経済安全保障」の定義を）「わが国の独立と生存及び繁栄を経済面から確保すること」としているが、繁栄を経済面から確保するのは経済・産業政策であり、経済安全保障とは言い難い。このように、経済安全保障政策を経済・産業政策にまで広げる傾向がみられるようになってきており、実業界では「非経済要因が日本企業に及ぼすリスク全般」として経済安全保障をとらえる考え方が出てきている。このような方向に議論が展開すると、経済安全保障のあいまいさが増幅し、その本質が失われかねない〉

（外交・安全保障研究会「米中対立と経済安全保障」より）

一般的には分割して考えられている経済と安全保障にまたがる領域を包括的に考えつつ、さらにはサイバーやインテリジェンスといった高度な専門知識を擁する概念をも総合的に盛り込んでとらえ、機能させなければならないのが「経済安全保障」といえるでしょう。

ではどうすればこの経済安全保障のフレームを実践的に活かし、現実に機能させることができるのか。第二部で見ていきましょう。

第二部 実践編

経済安保を機能させる実践的なフレームワークの提案

経済安全保障を有効に機能させるための6つの概念と1つの誤解

《基礎編》では、巷間報じられている経済安保の概要や、米中関係の変遷などを見てきました。

「細部まで目を配った、盛りだくさんな内容だな」と思う一方、先に村山裕三教授の示した懸念同様、現段階では「あれもこれも入れなければならない」「経済安全保障の枠組みに入れてしまえば、今なら理解を得られるだろう、入れておけ」というものもあり、いわば「掛け声」の段階でしかありません。

また、今回の法案には入りませんでしたが、外資による土地取得への対処など「これは経済安全保障の枠組みでやるべきことなのか」という疑問が浮かぶ論点も場合によっては経済安保の概念に含められてしまいかねない、という状況があります。

経済界からは「やりたいことや意義は分かるが、実施は現実的ではない」「いったい誰が、実行の責任を負うのか」「コストやリスクに対する政府からの支援がなければ、一民間企業では対処不可能」という声もあがっていますが（「巻末資料」参照）、これも十分理解できます。

また、《基礎編》での説明通り、経済安全保障には「攻め」と「守り」の両面があるという説明が主流となってはいますが、経済安全保障の概念を実際に運用する場合は、その定義だけではとても包括しきれないほど、幅広いものがあります。

経済面での安全保障を担保するために、政府は、法案に先んじて国家安全保障局内に経済班を設置しています。しかしあらゆる民間企業の機微技術や、特許、そこに携わる研究者をはじめとする社員のセキュリティ・クリアランスなど、実に幅広い分野や、省庁をまたぐ概念を包括せねばならず、そうするにはあまりに人員規模が小さいのが現状です。

また当初経済安全保障のための基金として５０００億円が用意されたと報じられていますが、これでは全く足りません。

もちろん政府与党で本件を進めてきた中核議員も実行のための資源が不足していることは理解しているはずですし、これがとっかかりにすぎないということで始めたという段階なのだと思います。今後の最適な合意形成を後押しするためにも、我々一般国民の本案件に対する理解と落としどころを議論することが重要です。

「推進法案さえ作れば、当面の経済安保は何とかなる」と安心せず、掛け声倒れに終わることなく実施し、さらに効果的に機能させるためには、より実践的な概念やフレームワークが必要になります。

これは米中の法整備などの動きを見ていても明らかです。特に中国は様々な政策を網羅的に、総合して進める力を持っており、中国も類型としつつ、日本に足りない施策を考えていくことには大きな意味があるでしょう。

実際に経済安全保障を有効に機能させるには、より国際情勢に立脚した、リアルで動的な視点を大前提とした体系立った概念の整理と、機能の細分化、類型化が必要です。

そもそも経済安全保障は国外との取引関係において発生する概念ですから、日本が独りよがりで内向き志向で定義しても機能しにくいのです。そのうえで、現代の日本社会らしい自由主義と民主主義の風を感じさせることができれば、国民に受け入れられやすいものとなるでしょう。

そこで、《実践編》では「経済安全保障を本当に有効に機能させるための6つの概念と、1つの誤解」を提示したうえで、さらに具体的な解説をしていきます。

「経済安全保障を機能させるための６つの概念と、１つの誤解」

①サプライチェーンの強靭化
②制度・標準化の競争優位
③データと知財の攻性防壁
④否定の力
⑤国際的社会課題の支配
⑥産業統制化への合意形成

❶ブロック経済への郷愁

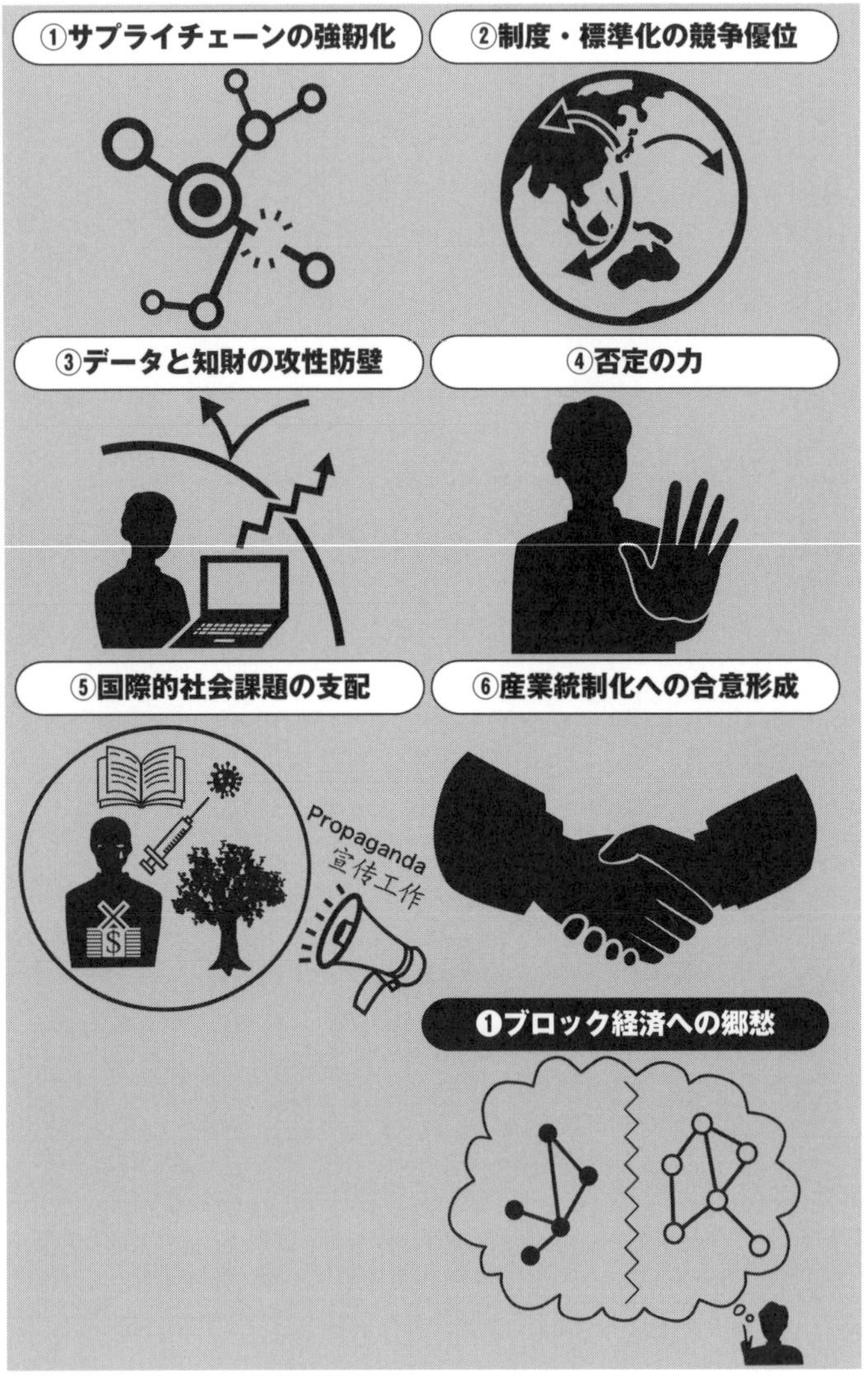
①サプライチェーンの強靭化
②制度・標準化の競争優位
③データと知財の攻性防壁
④否定の力
⑤国際的社会課題の支配
Propaganda
宣伝工作
⑥産業統制化への合意形成
❶ブロック経済への郷愁

今回の法整備でカバーされた経済安全保障の議題は主に①サプライチェーンの強靭化と、③データと知財の攻性防壁の一部にとどまり、官民技術協力は⑥産業統制化への合意形成に向けた道を意図的に（政治技術的に）曖昧に表現しているようです。

たとえば①はコロナ禍で明らかになったような医療物資の問題や、半導体不足の問題などです。また③に関しては機微技術の輸出管理や、研究者の人材流出、データ流出への警戒を指し、特に近年、中国を念頭に留意すべきポイントとして挙がってきました。

また、⑤国際的社会課題の支配とは人権問題やフェアトレード、越境公衆衛生など、多くはＳＤＧｓに含まれる概念に対するイニシアチブを指します。これも対中国の文脈ではウイグル人の強制労働問題などが急速に表面化してきています。

加えて、関連新法に関する議論で表立った言及はありませんが、他国から提起された、日本にとって不条理で不都合と考えられる国際的社会課題を、日本がやみくもに受け入れる必要はないはずです。課題そのものを日本が主体的に変化させる国際宣伝戦の概念も⑤に含まれます。

それ以外の論点については、これまで中核的には重視されてきませんでした。

もちろん、日本の国力を考えれば、この６つすべてに対して平等に、全力で注力することは難しいかもしれません。その場合、選択的に強弱をつける必要があれば、まずすべてを並べたうえで選択する必要があるでしょう。

また、経済安全保障への期待に関して、❶ブロック経済への郷愁という誤解があることも見逃せません。後ほど詳述しますが、「これさえあれば、中国の成長も止まり、崩壊へ向かう。万事解決だ」という米ソ冷戦の成功体験を引きずったものです。

この郷愁は経済安全保障体制構築を支持する動機の一部になってはいますが、実効性においては足を引っ張りかねない希望的な「幻想」を含むため、注意が必要です。

6つの重要概念

①サプライチェーンの強靭化

サプライチェーンの強靭化は、経済安全保障の一番の目玉といっていいでしょう。

その中でも、サプライチェーンの問題はさらに二つの分野に分けられます。

一つはコロナなどの疫病や、紛争など地政学を含むリスクによって、日本に供給されるべきエネルギーや原材料、製品が入ってこない事態にどう対処するか。特定の国に供給を依存していると、いざという時、あるいは相手国の外交的意図によって供給を止められた時に立ち行かなくなるのを防ぐために、一国への依存度を下げる、複数の供給ルートを開拓しておくなどといったことが挙げられます。

もう一つは、ある特定商品を特定国の製品に頼りすぎることによって、市場での寡占が進み、代替品が存在しなくなることで、たとえば通信関連機器であれば情報漏洩リスク等がある製品を使わざるを得なくなることがあります。それを避けるため、やはり一国に対する依存度を下げるとともに、国内外に機器製造のラインを確保しておく、などの点が挙げられます。

特に米中対立の高まりから「中国製品排除」となった場合の代替輸入先の検討や、文字通りサプライチェーン（供給網）からの中国の締め出しへの対処が、このサプライチェーンの強靭化の概念の中に入るでしょう。

さらに、大事なサプライチェーン強靭化に関する概念補足は、日本での議論が、抗中文脈で語られるため忘れがちな中国以外の「現友好国・反体制勢力・偶発事象」も含めた一般化です。現時点では友好的な国であっても、今後政権の変化移行にともなって日本との信頼関係が突然崩れる可能性があります。どんな相手国も未来時点まで含めれば、動的で潜在的な競合相手であることと、日本のサプライチェーン分断化を企図する主体であることを忘れてはなりません。

また、他の国家の意図にかかわらず、国際テロリストや愉快犯的なハッカーなどの反体制勢力、さらには超長期的には国際的な資本を牛耳る多国籍企業の謀略などによってもサプライチェーン分断化がありえる時代になってきます。

とりわけ、サイバー分野（ネットプラットフォーマーによるサービス。日本はクラウドサービスなど）を国産化で賄えないことは周知の事実ですし、サイバーサービスサプライチェーンの脆弱性が高い国です。今後ますますサイバー分野のサプライチェーンが拡大してくれば、対応政策議論の重要性は増します。

これらのサービスについて、2024年時点では、アメリカのグーグル、マイクロソフト、アップル、アマゾンなどはその代表的企業です。そして、往々にして日本企業（政府、自治体までも）は、中国ネットプラットフォーマー企業のサービスを頼っているというよりも、米国企業が提供するものを中心にサービス利用しています。ついつい友好国のアメリカのサービスだから、と安心してしまいがちですが、議論の一般化には、究極的にはアメリカから対抗措置をうけるリスクさえも織り込んでおく必要があるということです。

近い将来、米国が日本との相互不信を醸成することは無いかもしれませんが、一方で、テロリスト、愉快犯ハッカー、非人為的なシステム障害によるシステムダウンに対しても、対処プロトコルや代替手段を想定しておくことも、このサプライチェーン強靭化の議論に入ってきます。

また、このサプライチェーンの強靭化の概念には、主に発展途上国向けに行われることの多い、現地法人の設立や外国法人への資本参加、不動産取得などを通じて行われるＦＤＩ（Foreign Direct Investment、海外直接投資）や、通商・商圏拡大などを目的とした、ホスト国・相手国に対する「政治的担保」の確保も含まれることになります。

たとえばアメリカが、日豪とともに２０１９年に発表した「ブルー・ドット・ネットワーク計画」が挙げられます。うまくいっているかどうかは疑問ですが、事例として紹介します。この計画は途上国に対し『投資』を餌にしながら実際には『搾取』を行うような透明性の低い事業をなくし、質の高いインフラ投資を、高い透明性のもとに行う」ことを宣言するもので、米国国際開発金融公社（ＤＦＣ）が主導するフレームです。

また、バイデン大統領も「インド太平洋経済枠組み（ＩＰＥＦ）」を進めていると発表しました。ＩＰＥＦはバイデン政権独自の構想で、①公平で強靭性のある貿易、②サプライチェーンの強靭性、③インフラ、脱炭素化、クリーンエネルギー、④税、反腐敗の４つの分野に関する多国間の通商枠組みだと報じられています。これも中国の「一帯一路」の進展をにらんで、まさに経済安全保障を外交フレームで実施するためのものといえるでしょう。

ブルー・ドット・ネットワークやＩＰＥＦは、一帯一路に対する明確なカウンターになっており、米中対立が顕在化した例になります。ただし、中国側の一帯一路が「信用し難い」ながらも、金融、貿易、物流、技術移転、人材派遣まで含めた統合パッケージであるのに対して、アメリカ側の施策は局所的な範囲にとどまり、教条主義的なカラーが若干あり、また政権が変わると前政権時の施策が軽視されがちなので、実質利益と安定性を欠きます。受入国にとってはともに一長一短といったところでしょう。

「サプライチェーンの強靭化」は、特定物資について一カ国との取引だけにならないよう多国間取引に移行することが大前提ですが、重要な資源を一カ国が強力に握っている場合には、分野ごとに、機微スコア、相手国世界占有スコア、相手国信頼スコア、転換コストスコアなどを「動的処理する経済安保システムの開発」が必要になるでしょう。このシステム無く情緒的かつ人為的に実施した一例として、アメリカには宇宙開発分野でＮＡＳＡ

が中国側（人材）との協力を規制するウルフ修正条項（2011年発効）がありますが、技術流出を防ぐことと人材不足に悩むというジレンマが発生しています。後述しますがアメリカの対中輸出入規制の「スモールヤードハイフェンス」概念（後ほど詳述します）も、まだまだ開発途中といったところです。日本が経済安保先進国になるためには、「動的処理経済安保システム開発」が必要です。

TSMC工場誘致は本当に日本の国力につながるか

副次的な議論としてサプライチェーンの強靭化には「国産化」も含まれます。本来、サプライチェーンの強靭化において「国産化」推進は、あくまでも一つの選択肢にすぎませんが、いざという時に各国が自国分の確保に回り、国際的に取り合いとなる物資に関しては、なるべくサプライサイドを満たすための国産化、国内での製造ラインの確保を行っておくべきでしょう。

ただし、「経済安全保障」議論の契機になった事例として「コロナ禍当初の2020年春に見舞われたマスク不足」や「半導体不足」が、果たしてこのサプライチェーンの強靭化、ましてや国産化の議論に相当するものかどうかは検討が必要です。

当時は必ずしも中国が日本に対するマスク輸出を渋ったのではなく、世界的に需要が一気に高まった中で、買い占め・転売などの問題が起きたことにより、店舗や市場からマスクが消え、マスク不足に陥ったとする見方もあるからです。

多くの日本人も実際に体験した分かりやすい事例のため、マスクが「戦略物資」の代表のようにとらえられ、「当時のようなマスク不足に陥らないためにも、経済安全保障が必要だ」とされがちですが、まずは「なぜ当時マスク不足に陥ったのか」に対する正確な検証が必要です。

半導体に関しては、政府は2022年、台湾の半導体大手TSMCの工場を熊本に誘致しました。補助金四〇〇〇億円を投じての誘致で、2023年末頃から熊本が「半導体バブル」に沸いていると報道され始めました。

ただし、半導体工場の誘致それ自体は先端半導体の国産化を進める動きとはほとんど関係がなく、またサプライチェーンの強靭化に関しても、もともと中国から半導体を買っているわけではないうえに、台湾以外のところからも購入可能であるため、実質的なことよりも、象徴的な意味合いが強いという指摘があります（東京大学大学院教授・鈴木一人氏）。「象徴的」というのは、「米中対立時代に、中国の側には立たない（台湾の側に立つ）」ことを明確にする政治的な意味合いと、「経済安全保障政策を進めるぞ、その象徴としての物品が半導体だ」というアナウンスの意味合いの二つを指します。

そのため、ＴＳＭＣの誘致が、即サプライチェーンの強靭化につながるか否かは検討の余地がありますし、ましてや国産化にはほとんど影響がないという点は押さえておく必要がありそうです。

先端半導体の国産化を目指すため、政府や産業界が足並みをそろえて出資して設立した国産企業にRapidusがあります。Rapidusには米ＩＢＭも協力していることで注目されていますが、「先端半導体の国産化」が実現できるかについては未知数です。

ひとことで半導体といっても事業は細分化されており、現実的には、すでに日本企業が強みをもつ半導体後工程を保護育成しグローバルなサプライチェーンの一端を担うことで、純粋な「国産化」ではなくとも経済安全保障の目的を達成することもできるでしょう。

ちなみに、先端半導体云々として語られるロジック半導体とは別のパワー半導体分野では、日本企業が世界をリードしていると言われます。

②制度・標準化の競争優位

産業競争力を高め、経済成長が進んでいけば、自ずと「経済安全保障」における日本の力もつくことになります。特に「標準化」、つまり日本発祥の何らかの「規格」をまずは国内の標準とすることで、国内の過当価格競争を招く、規格なき格安で粗製な野良外国製品の流入を防ぎ、さらに日本標準を国際社会の標準にしていくことで、国際社会でも一定の存在感を示すことができるようになります。

これは一義的には、経済的利益よりも、外交的利益といった側面の果実を前提としています。ただし、経済的利益が全くないということもなく、自国企業が「デファクト・スタンダード内の先行者利益」を得やすいポジションを取れるというスピード展開の便益は見込めるでしょう。

もちろん、素早い「標準化」を達成したうえでさらに「標準化の胴元」としての権利を自国内組織が長期で確保できる卓越したスキーム（フリーミアムモデルのような）であれば、直接的に自国が市場と産業を支配できる能力を持つことになります。これらは制度標準化のイニシアチブを取ることで、自国の産業競争力も高めようとする概念です。

たとえば通信規格。次世代の通信規格構築で先行し、対応する商品を他国に先駆けて生産することができれば、国際的な産業競争力は高まります。まさに中国が国内で5Gを行き渡らせ、国内標準化し、安い通信機器の生産体制を早期に整えたことで、世界に安価な機器とともに5Gという通信規格を浸透させたのが良い例です。

総務省は、5Gの次の世代である「Beyond 5G」（いわゆる6G）に関する総合戦略を策定しています（https://www.soumu.go.jp/menu_news/s-news/01kiban09_02000364.html）。しかし「標準化」という文言はあるものの、中身は実際には「5Gよりも進んだ社会になることを見越して、日本の強みを生かして国内で存在価値を持てるようにしよう」というもので、若干本項での「標準化」の概念から外れています。

「標準化」は各国がしのぎを削っている分野でもあります。

たとえばドイツは「広義の標準化」を政策展開しました。2011年、「2020年に向けたハイテク戦略の実行計画」に示された10施策の一つとして「インダストリー4・0」構想を公表。「インダストリー4・0」では、民間主導ではなくドイツ政府が主導する形で、スマート工場を中心としたエコシステム（生態系）を構築することを目指していました。ここでの「標準化」は、狭い技術領域の規格標準化というよりも、IoTや自律分散型処理などを通じた製造オートメーション化という広義生産概念の標準化と言えます。他国企業と比較優位の自国企業生産効率性を中期的に底上げし、自国外にも知識（ナレッジ）のポジティブな伝播（スピルオーバーというよりもディフュージョン）を果たしています。

実はこの伝播の波が到達した先のひとつが、後述しますが、2015年に中国が提唱した「中国製造2025」です。

エコシステムとは〈人間、機械、その他の企業資源が互いに通信し、各製品がいつ製造されたか、そしてどこに納品されるべきかといった情報を共有し、製造プロセスをより円滑なものにすること、さらに既存のバリューチェーンの変革や新たなビジネスモデルの構築をもたらすことを目的としている〉とされます（総務省「情報通信白書」平成30年版より　https://www.soumu.go.jp/johotsusintokei/whitepaper/ja/h30/html/nd135210.html）。

そして、これらの仕組みの整備が進むことで、大量生産の仕組みを活用しながらオーダーメードの製品づくりを行う「マス・カスタマイゼーション」が実現。これが「標準化」で、ドイツはこうした動きを産・官・学が連携して行うとしています。

また中国は「中国標準2035」（国家標準化管理委員会が勝手に提唱してポシャった計画。その後は党中央も関わる「国家標準化発展綱要」へ発展）を提唱していました。

これまで世界の工場を任じながらも、その品質はあくまで「安かろう悪かろう」だった中国製品の「チャイナブランド」への転換を、中国当局は「中国製造２０２５」政策によって図ってきました。この国策計画は内外環境の変化から徐々に使われなくなってきていますが、情報通信技術やハイエンド製造装置やロボット、宇宙開発、バイオ医療など10分野に絞り、重点的に補助金などの優遇政策を行うことで世界市場を席巻しようとの狙いがありました。

先ほど5Gの事例に触れましたが、通信機器における「米中デカップリング」を叫ぶ声や、「経済安全保障」を求める声は、「安かろう悪かろう」な製品ではなく、そこそこ高品質でコスパ良い中国製品が自国市場に大量に入ってくることへの防衛的リアクションである、とも言えそうです。

ＥＶ、農業、エコ……制度標準化で産業競争力が高まる

「中国標準２０３５」、のちの「国家標準化発展綱要」を掲げ、５Ｇ、自動運転システム、小型ドローン、顔認証システム、ＩｏＴなどの分野で「中国規格」を世界標準にすべく戦

略を練る。こうした標準化は一帯一路地域で先行して進められるのではないか、との指摘もあり、制度標準化のイニシアチブを取ることによって、産業上の競争力を高める中国の狙いが見えています。

日本でも近年、「ルールメイキング」の重要性は指摘されつつあり、国際秩序形成や国際ルールの形成に積極的に関与し、特に地域的、枠組み的なフレームを重視してはいます。また、まだ国際的規範が存在していないデータ管理等に関する分野において、ルール形成を図るべきという声は多くあります。

しかし産業競争力に直結する「標準化戦略」の観点は現在、ほとんど語られることがなく、「経済安全保障」の観点からも顧みられていません。

標準化を超えた標準化戦略とは、産業界での経済的動機に基づく標準化キャンペーンだけでなく、政官が主体となってWIPO（国際連合の専門機関である世界知的所有権機関）などでの議論を日本が主導できるような「面」での外交手段、二カ国間や三カ国間といった小グループでのFTA等を通じた日本主導規格への合意取り付けといった「点」での外交手段もあり得ます。

さらには、広報発信力、宣伝能力の発展堅持といった多用な国家による能動的施策も含まれます。

自民党の「提言」では、「中国標準２０３５」について〈中国が国内の製造能力やこれを支える技術の獲得と育成に一定のめどをつけ、今後は従来は欧米が主導してきた国際標準の形成を自国が主導していくことで、自国企業などの今後の海外展開に有利な環境を作っていくとの決意の表れ〉と説明しています。

さらに「提言」では、日本の国際ルール形成については取り組むべき分野として挙げているものの、自国の産業に関して標準化を求めるべきであるとの提言はなされていません。しかし産業における標準化は、いわば「攻め」の側面で経済安全保障を有効に機能させるためにも、見逃せないポイントです。また、標準化と言った時に「新しい通信規格」など、新しいものを生み出したうえで標準化する、という発想になりがちですが、すでに持っているものを育てて標準化するという発想も、持っておく必要がありそうです。

日本には、自動車や電子部品はいうまでもなく、ヘルスケア分野、環境省エネ分野、エンターテインメントコンテンツ分野、高度農業技術分野など、もともと強く伸びしろのある産業が十分にあります。これらの産業内で利用されるハードウェアやソフトウェアの「標準化」は期待できる成長の種となります。またここには「カーボンフリー」「グリーンエ

各国による近年の「標準化」政策事例

アメリカ	**2020年12月「米国標準戦略」** 主体は米国国家標準化協会（ANSI）を中心に米国国立標準技術研究所（NIST）、国家情報標準機構(NISO)、労働安全衛生局（OSHA）等
中国	**2021年10月「国家標準化発展綱要」** （「中国標準2035」は遺物化） 主体は国家標準化委員会を中心に国家市場監督管理総局、国家網絡情報弁公室、国家発展改革委員会等
欧州委員会	**2022年2月「新しい標準化戦略」** 主体は、欧州標準化委員会（CEN）、欧州電気標準化委員会（CENELEC）、欧州電気通信標準化機構（ETSI）ら標準化機関等

コノミー」「サーキュラーエコノミー」など環境に配慮した基準を盛り込み、標準化を図ることも可能でしょう。

カーボンフリー、つまり脱炭素社会への転換は気候変動問題への配慮から生まれている対策ですが、実は「石油燃料を使用する自動車から、電気自動車（ＥＶ）へ」といった規格そのものの変更を含み、「標準化競争」の一側面であることは見逃せません。

これにより、ＥＶ化で出遅れた、つまり「標準化」に乗り遅れた自動車メーカーは、すぐにではなくとも、欧州市場から排除され、ＥＶで先行する企業の製品に置き換わっていくでしょう。日本にとって良い悪いではもはやなく、現実的な波として、です。グリーンエコノミー、つまり地球環境に配慮した経済を謳う企業の製品についても同じことが言え、これも「標準化」の一つのパターンです。

サーキュラーエコノミーとは、これまで経済活動の中で廃棄されていた製品や原材料などを「資源」と考え、リサイクル・再利用などで活用し、資源を循環させる、新しい経済システムを指します。まだまだ、今後発展していくのか否か、見通せませんが、すでに立ち上がった産業プロジェクトとして認識しておくことは重要です。

日本も某都知事がかつて「東京五輪を通じて『ＭＯＴＴＡＩＮＡＩ』をコンセプトとしたい」と述べていました。その後、全く聞かなくなりましたが、この「もったいない精神」をサーキュラーエコノミーに位置づけ、具体的に世界標準化できれば、単なるＰＲで終わらない、日本独自の「標準化戦略」の一つとなりうるかもしれません。

官民の間に、恒常的な標準化の種を発見するプラットフォームが必要になってきますし、その種を標準化戦略まで引きあげる政府内の横串組織強化も必須のプロセスになってくるでしょう。たとえば、国家安全保障局経済班が経産省に丸投げせず、その司令塔役を担うのか議論が必要です。

③データと知財の攻性防壁

機微技術の流出や研究者などの頭脳流出など、データや知的財産の「流出を防ぐ」という論点については、《基礎編》でも事件例を挙げながら触れた点であり、また実際の経済安全保障政策においても、サプライチェーン強靭化の論点と並んで力点が置かれている分野です。

すでに輸出管理という観点では国際的な枠組みが存在します。たとえばオーストラリア・グループと呼ばれる輸出管理レジームでは、化学・生物兵器の製造につながりかねない製品や技術の、懸念国への輸出を禁じています（https://www.mofa.go.jp/mofaj/gaiko/bwc/ag/gaiyo.html）。

またワッセナー・アレンジメントと呼ばれる輸出管理レジームでは、かつて共産主義国に対して軍事転用されかねない技術の流出を阻止するための枠組みとして設けられていたＣＯＣＯＭの後継として、通常兵器や関連汎用品・技術の輸出管理を実施する目的で基準が設けられています。

こうした輸出管理の国際的枠組みはありますが、その目的は第一に兵器転用という軍事的な意味での安全保障を主眼としたもので、「知的財産を守る」という観点ではありませんでした。

現在、日本では化学素材の技術や、農業種苗など、必ずしもハードテック的でない特許を含む知的財産が、日本全国に点在しています。民間が抱えるこうした知的財産を、そもそも日本政府が把握しておらず、目を付けた外国企業の方がむしろその価値を分かっていた、という指摘もあるほどです。目覚ましい品種改良を遂げた果物の種や苗が海外流出しているという事例も後を絶ちません。「まずは、他国に盗まれてはならない、価値ある知財が日本のどこに、どの程度存在するかを把握することが急務」とする声もあります。

しかしここで重要なのは「流出を防ぐ」という「守り＝防壁」の観点だけでなく、「攻め＝攻性」の観点も必要だというプラスアルファの部分です。

たとえば他国企業のデータや知財の扱いが日本の国内ルールに抵触している場合、きちんと法的な手段で訴えてルール遵守とデータ保護を両立させることも必要でしょう。これは守るために「攻め」る必要がある、という姿勢を伴うものです。だからこそ、サイバーセキュリティ分野のアクティブディフェンスに近似したこの要素を「攻性防壁」としています。

さらに言えば、表向きは企業に対する訴訟であっても、相手が海外企業の場合には一企業への扱いを超えた国同士の折衝も必要になります。日本が攻勢を強めれば、逆に外国から日本企業が訴えられるケースも多発するでしょう。そうした場合に、国としてどう企業を守るのかという観点も非常に重要です。

「データを流出させてしまう側」の日本企業を法律で縛り、知財保護のコストを企業自身にのみ、過剰に負わせるようでは、早晩、企業活動は立ち行かなくなってしまいます。

中国は「パクリ国家」から「知財強国」へ

中国が模倣大国と呼ばれたのも今は昔。最近では、中国企業が自社の知財の権利侵害を主張し、日本企業を訴えるケースが増えています。

昔はパクっていた中国企業が日本企業を訴えるなんて盗人猛々しい《ぬすっとたけだけしい》、といった主張も日本国内でよく聞きますが、昨今の中国資本大企業は、決して国外企業から盗んだ技術ではなく、莫大な研究開発投資によって純粋に自社開発した知財を豊富に保有していることも留意すべき点です。中国は知財パクリ国から知財大国、そして知財強国へと変貌を遂げています。

そして、政官がサポートする役割としては、日本企業が国際的に「攻性」を堅持できる環境づくり、ということになります。日本の事業者が他国企業を冷淡に訴え、最終的にのっぴきならない司法上の紛争になりそうであれば、両国の政治家同士のラインで政治決着をつけることも厭わないといった、法的枠組みを超えたバックアップ体制が必要でしょう。

外形的価値判断の難しいデータについて、国際ルールの形成に臨む際には各国の情報、状況を把握し、多国籍な民間事業者の需要を満たす具体的施策が必要になります。データ取引に関する機関の設置や人材育成に関しては具体例を示しながら、別項でも詳しく説明します。

④否定の力

「否定の力」とは、《基礎編》でも登場した「エコノミック・ステイトクラフト」に部分的に相当します。なかでも日本が持つべきは相手国が「対外政策の目的を達成するために経済的手段を用いる」場合に、それを否定できる力、端的に言えば「NOと言える総合国力」です。より分かりやすくするために「否定の力」と表現しています。

日本が他国からの「エコノミック・ステイトクラフト」的圧力に直面した事例として挙げられるのは、これまでにも何度か触れている2010年、尖閣沖中国漁船衝突事件で中国人船長を逮捕・拘束した日本政府に対して行われた、「レアアースの対日禁輸」です。

このように、代替不可能な資源を禁輸したり、ある一国でしか生産できないものを盾にとって政治的な圧力をかけてきた場合、それを否定できる力を備えておく必要があります。自民党の「提言」にある、日本が目指すべき「戦略的自律性」とも部分的に一致し、相手から依存度の高い物資を盾に政治的姿勢の変更を迫られても、代替輸入先を持つことによって「自律性を保つ」ことを指しています。

また「否定の力」を持っておくことで、相手国がエコノミック・ステイトクラフトの発動をためらうこともあるでしょう。いわば、抑止力の概念です。

エコノミック・ステイトクラフトがリアルに発動された後の撤回を求める時にも、またはそもそも発動させないためにも「否定の力」は重要になってきます。

①サプライチェーンの強靭化によって「否定の力」を備えることや、②制度・標準化の競争優位によって日本が最先端技術の国産化や、その先の標準化を図ることで「否定の力」を蓄えることも可能です。

また、自民党の「提言」では日本が備えるべき力として「戦略的不可欠性」も挙げており、「日本がなければ困ると言われる存在になる」というのも「否定の力」になるでしょう。日本の場合、原材料や新素材、基礎科学など国際的に強みのある分野で、ともすればこうしたものを使って「否定の力」を発揮することも不可能ではありません。

ただし一方でそれは「2010年の尖閣沖衝突事故で船長の解放を求めるにあたり、これに応じない日本に対してレアアース禁輸に踏み切った中国」と同じことを他国に強《し》いることにもなるため、注意が必要です。

1980年代の日米貿易摩擦では、同盟関係にある米国からの圧力に、日本は当時、抵抗はしたものの結局は競り負け、為替まで抑えられ、その後の30年にもわたる長期の不況とわずかな経済成長しかできない状態に追い込まれてしまいました。

もちろん中国はこうした事例を徹底的に研究し、「同じ穴の狢《むじな》」にならないよう戦略を練っているでしょう。

「否定の力」は産業的なつながり以外の力関係も多分に利用します。防衛力やマネー（日本円）の強さ、外交関係、各国に根を張ったインテリジェンス能力、広報発信能力、国際社会への貢献度合い、他国から見た文化文明の魅力、など様々な国力が「否定の力」に換算されます。

その意味では、経済安全保障を超えた概念であるともいえますが、他国からのエコノミック・ステイトクラフトへの対抗能力や抑止力として「否定の力」を蓄え高めることを経済安全保障政策の一環として常に意識しておくべきでしょう。

⑤国際的社会課題の支配

人権やフェアトレード、教育、越境公衆衛生などに対する、国家および企業の配慮の度合いによって、取引関係を見直すという観点がこの「国際的課題の支配」に入ります。

一見、「カーボンフリー」や「サーキュラーエコノミー」も気候変動や環境問題の観点から「国際的社会課題」に入りそうですが、これらはすでにあらゆる面で産業化と深化サイクルに入っており、理想主義とイデオロギー上の目標から数段階進んだ現実的な産業経済課題と変貌を遂げていますので、現時点では区別しています（これらは②制度・標準化の競争優位の対象範囲に含まれます）。

また、⑤国際的課題の支配と②制度・標準化の競争優位の違いは、前者がイデオロギーの競争で、後者が産業の競争と言い換えることもできます。また前者が孵化《ふか》期の競争、後者が成長期の競争ということもできるでしょう。

ここでの「国際的課題」は、リベラルな理想とイデオロギーに基づき将来目標を全世界的に喚起するものであり、それは自国（日本）にとって都合の良いものも不条理で都合の悪いものも含まれ、産業化の度合いは相対的にまだ低いものを想定します。

いわば、どこかの国や勢力によって一方的に方向づけられた「国際的課題」が存在し、その支配力が高ければ、当該課題をそのまま発展させることも抑制させることも可能な、イデオロギー上の国際闘争能力が存在するといえます。

まだ産業化の度合いが低いうちに、自国がイニシアチブをもって「国際的課題」として提起する能力、ならびに他国が提起した「国際的課題」の軽重を喧伝《けんでん》し、国際的世論の方向性をコントロールすることが「国際的課題の支配」になります。

アメリカや欧州主要国は、「国際的課題の支配」のパワーが圧倒的に強い国々といえるでしょう。

日本は物静かで謙虚な精神性を持つため、「国際的課題の支配」は得意ではありませんでしたが、経済安全保障の文脈で戦略的に再構築すべき能力であり、概念です。

一方で中国は経済力はあるものの「国際的課題の支配」の点においてははるかに弱い主体ですので、何らかの意図をもって国際的課題を戦略的に推進するにあたっては、対米競争を前提に、独力ではなく欧州の国々と手を組む傾向があります。

その代表的産物がＥＶ社会の実現であり、中欧が主導するＥＶシフトは十分に産業化を果たし、国際的課題から制度標準化競争へとフェーズを変化させてしまいました。

もちろん当該課題が、制度標準化競争フェーズに変化した後には、中欧はＥＶ関連産業において激しく競争し合い、真正面から「政府補助金だ、関税だ、不正競争だ」と争っていますが、その前段階となるＥＶ社会に向けた中欧連携の世界的仕掛けは十分に成果を上げたといえるでしょう。手を取り合ってパイを生み出し、パイが実現した後にパイを取り合う、という流れです。

まずはパイを生み出せなければパイの取り合いもできませんので、中欧の動きは自然です。「国際的課題の支配」のパワーを高めていれば、自国にとって不都合なイデオロギーは抑制し、また自国にとって都合の良いイデオロギーを振興した後に、大規模産業化までフェーズを変化をさせることが可能でしょう。

２０１８年頃から高まってきた米中対立の中で、当時のトランプ政権下では中国の人権問題を理由に「中国製品を使用すべきでない」とする機運が高まってきました。

その流れの中で「人権デューデリジェンス（Due Diligence）」という概念も紹介され、人口に膾炙《かいしゃ》しつつあります。人権デューデリジェンスとは、２０１１年6月、国連の人権理事会において「ビジネスと人権に関する指導原則：国際連合『保護、尊重及び救済』枠組実施のために」が採択されたことに始まる概念で、人権に対する企業としての適切で継続的な取り組みのことです。具体的には、人権への負の影響とリスクを特定し、リスクを分析・評価して適切な対策を策定・実行するプロセスのことを指します。

人権vs.反外国制裁、一つの問題が大きなリスクに

アメリカはさらに人権弾圧に加担した個人や組織に制裁を科せるという内容の「グローバル・マグニツキー法」に基づき、「人権状況が改善されない中国企業との取引」に一定の制限を加えるとともに、中国に対して「人権状況を改善せよ」との圧力をかけてもいます。

これに対し、中国は「反外国制裁法」を2021年に制定し、即日施行。〈外国が中国の公民や組織に対して差別的規制措置を講ずる際に、同措置の制定・決定・実施に直接あるいは間接的に関与した個人・組織を対抗措置リストに掲載し、ビザの発給拒否や取り消し、入国拒否、国外退去や中国国内にある不動産などの財産の差し押さえ、押収、凍結、中国国内の組織・個人との取引などの活動の禁止あるいは制限などを課すことができる〉と規定しており、さっそく同年6月には台湾に武器を輸出したアメリカの企業が制裁対象となっています。

またこれに従えば、「中国に対して差別的な規制とみなす措置を講じている」と中国がみなすアメリカ企業の基準に沿った日本企業が、今度は中国とのビジネスが立ち行かなくなるという板挟みの事態にも陥りかねません。

この「人権」について、日本では日弁連が次のような日本企業向けの「手引き」を公開しています。

〈指導原則の採択を通じて、企業が人権に関する確立された国際基準その他の法令を順守することが、市場や地域でのプレイヤーとしての必須条件となりつつある。

従って、人権侵害及び人権侵害への加担を回避するデューデリジェンスの導入・整備に関する決定は、経営の基礎的なリスクマネジメントの一部と考える必要がある。ビジネス活動に関連して人権の問題を引き起こすことがどれだけ致命的な影響を及ぼすか、トップ・マネジメントが明確に理解するところから始めることが大切〉

しかし、一企業が貿易相手国や海外の取引先企業の「人権状況」をつぶさに調査するのは至難の業《わざ》です。

たとえば中国当局に弾圧されている、とされるウイグル人が多く従事する新疆綿（ウイグル綿）の生産工程で、強権的・非人権的な強制労働や搾取が行われているのではないか、という指摘があり、ナイキやH&Mなどの欧米企業は、ウイグル綿を使わないと宣言するに至りました。

日本でも無印良品やユニクロを運営するファーストリテイリングなどが同様の踏み絵を迫られたのに対し「独自の観察システムを設けており、人権抑圧は確認されていない」としてウイグル綿の使用を続けましたが、一部からは「弾圧・搾取に加担するな」との批判を受けています。

あるいはこの人権デューデリジェンスは中国におけるウイグル人の扱いだけでなく、アフリカなどにおけるフェアトレード、つまり不当に安い対価で働かされるなど、利益に対する労働者への配分が少なすぎる取引をやめよう、という取り組みの問題も含まれています。

では、「どのラインからを人権侵害やアンフェアな取引とみなし、取引を停止するのか」「どうやって意味のある実態調査を行うのか」を一企業が判断、実行するのは非常に難しいことは言うまでもないでしょう。

また、「人権」という武器は日本に対しても脅威になりかねず、たとえば外国人技能実習生をめぐる過酷な労働状況の問題や、日本人を対象とするブラック企業などが問題視され、日本が「人権」を理由に市場からつまみ出される「返り血」を浴びないとも限りません。

以上の「人権」事例のように、一つのイシューは大きな国益上のリスク（リターンも含む）になり得ます。

一般化すれば、そもそも国際的課題とは何なのか、産業化という果実はあり得るのか、それを自国の国益と照合し国際的に議論拡大させるべきなのか消沈させるべきなのか、議論誘導するためにはどのような仕掛けをしなければならないのか、自国にはそれを実施できる国力が単独であるのか、なければ他国と組まなければならないのか、等々が「国際的課題の支配」という概念の戦略論です。

⑥産業統制化への合意形成

「経済安全保障」政策は、基本的には「産業統制」の概念が多分に含まれます。そのため、本来は自由貿易や民主主義的ルールのもとでの経済活動とは、食い合わせが悪いものです。端的に言えば、「政府が決めた不都合な相手とは商売をするな」ということですから、本来ならば「国として、現在こういうルールが必要だと考えています。企業側にはこの程度の負担がかかると思いますが、政府としても補填に努めていきますのでご協力ください」と民間企業に「お願い」しなければなりません。

少なくとも、日本の企業に対してその意義を説き、同意を得ることが必要です。

現代日本社会の構造において、国民全体の政治合意形成は、経済安全保障に限らずどんな政策であれ、有効に機能させるためには必要不可欠な要素です。なかでも統制色のあるものの場合は、慎重に、執拗に説明を行う必要があります。

ところが、実際にはこの部分は現在の日本ではほとんど顧みられておらず、日本政府は「合意形成能力」はもちろん、「説明能力」にも欠けている、という悲惨な実態があります（合意形成のために、説明を尽くされている議員ももちろんいらっしゃいますが、人数が圧倒的に足りていません）。

政府は民間企業の関係者を含む有識者を集めて議論を行い、その提言を受ける形で「合意形成」に努めようとはしています。また、経団連などの民間組織からの意見（「巻末資料」参照）をフィードバックする形で、政策設定に生かそうとしている節はあります。

世論を見ても、なんとなく「軍事的に台頭し、脅威の経済成長を遂げている中国相手を念頭に、経済安全保障政策を考えることが大事らしい」という程度の認識は薄く広まってはいます。

タイトルに「経済安保」が入る関連書籍の刊行や、雑誌の特集なども組まれており、法案成立以降、施行までの間にも機運自体はふんわりと醸成されてはいましたが、特に「民間企業に多大なコストやリスクがかかる可能性がある」という懸念、さらに施策が「民間の自由な企業活動を阻害しかねない、産業統制的なものである」という点について、十分に周知されたうえでの合意がなされているとはとても言えない状況です。

《導入編》でも触れた通り、「軍事転用可能な機械が中国に輸出されていたのではないか」と疑われた企業の幹部三名が逮捕された大川原化工機の事件では、輸出を取り締まる経産省、警視庁公安部が無理筋の捜査を行って逮捕・起訴にこぎつけた「勇み足」が国賠訴訟で明らかになっています。

これは冤罪事件ですが、そうでなくても規制によって民間企業が受ける不利益については、政府からの説明やバックアップが必要不可欠です。

自民党「提言」では〈経済安全保障という観点から〉戦略を打ち立てることによって、はじめて、民間企業や大学・研究機関を含むすべてのステークホルダーの努力を適切な形で後押しすることができる〉としています。

しかし後押しだけでなく、実際には上からの圧力ともいえる「統制的」なものにならざるを得ない面をもっと意識すべきでしょう。経済界のメンバーも含む有識者「提言」で、企業や研究機関側の負担についての考慮に留意するよう、再三にわたって言及されているのはそのためです。

「自由を尊重します」と表面的には語りながら、事後的な省令や同調圧力によって不健康な合意形成をする陰湿な日本型は避けるべきでしょう。また、それでは省庁と民間の間に、グレーゾーンリスクを回避したい民間側に、不純な需要が生まれ、悪質な癒着《ゆちゃく》権益構造の温床を作りかねません。

たとえば、一案としては、最初から経済安保のために民間事業体の自由を制限する産業統制化志向を、官僚ではなく政治家側が批判を恐れず責任を持って宣言し、省庁による統制範囲をある程度明確化しながら、動的には国会や各政党が省庁の産業統制担当部局を常にチェックする機能を保持していくようなスキームなどがあれば、民間に納得感が生まれやすいかもしれません。

国会では2014年に特定秘密保護法の運用監視のために衆参両院に情報監視審査会が設置されましたが、この組織を活用するのか、または別組織が担当するのかなどアイディアも必要です。

いずれにしても、そのためには、「霞が関シンクタンク」に依拠しない、議員や政党の調査能力とシンクタンク機能が必要となりますので、これらの資源をいかに拡充させるかについても、経済安保を機能させるための議論に含まれてくるでしょう。

産業統制が健康的に運用されるためには、こうした事前の政治家主導のイデオロギー宣言と運用チェック・牽制バランス（マクロな施策）が必要であると同時に、ミクロな施策も多様に必要となってきます。

ミクロ的施策の代表格がセキュリティ・クリアランス制度です。

官民双方の連携にとって重要なセキュリティ・クリアランスに関しては、民間はもちろん、官側も運用するための資源配置が徹底しているとは言えない状況にあり、こちらも経団連など経済界から「導入は目指すべき」とされながらも、具体的な実施となると高いハードルを越える必要があります。審査過程では該当者の家族構成、借金の有無、飲酒習慣など極めて個人的な情報を把握し審査せざるを得ないため、政府としても法案化が一度見送られた経緯があります。

その後、2024年4月5日に衆議院の内閣委員会で自民・公明両党と立憲民主党などが修正案を提出し、賛成多数で可決されました。修正では、法律の適正な運用の確保のために、「重要経済安保情報」の指定や解除が盛り込まれたと同時に、信頼性を確認する国の調査の運用状況を毎年、国会に報告することなども加えられました。こうした審査について、導入を求める声は経済安全保障関連に限らず根強くあるものの、国民的議論や国民に対する啓発が行われた形跡もありません。運用を深く推進するために、今こそ議論が必要なのです。

対象を国家公務員に限った特定秘密保護法の際には報道などでも賛否が入り乱れる大激論が交わされましたが、「特定秘密保護法の産業版」とも言われるセキュリティ・クリアランスは、対象が特定秘密保護法よりも広く民間にも及ぶにもかかわらず、議論が浸透している気配がありません。

中国版セキュリティ・クリアランス伝統の「党軍産学民」一体序列システム

一方、産業界ではなく、学術界（アカデミア）からは異なった文脈でセキュリティ・クリアランスについて関心が高まっています。

国際会議などで自国の一定以上のセキュリティ・クリアランスを保有していないと、特定の会議に参加できなくなるかもしれないという昨今の国際会議のトレンドがあるためで、実際にそのように制限される場面も発生してきています。

トラック1・5外交と呼ばれる、官民の中間的位置の外交をアカデミア人材が担うこともありますが、セキュリティ・クリアランスの運用が確立されていかなければ、日本のトラック1・5外交が醸成されにくい状況になってしまうでしょう。

経済安全保障の重要な構成要素であるセキュリティ・クリアランスについては、まだまだ運用までに途方もない経済的コストや政治調整コストが必要とされる段階です。しかも、そのめどが立っていないのが実情です。

このままでは、いくらこれまで述べてきた①から⑤の概念が意識され、何らかの施策が打たれたとしても、⑥産業統制化への合意形成がないために「経済安全保障の一部は全く機能しなかった」という結末を迎える可能性さえあります。

ところでこの点は、中国が非常に得意な分野でもあります。そもそもセキュリティ・クリアランスで把握される情報よりも厳密な個人情報（個人档案）を当局が把握していますし、社会の要所には中国共産党籍の人員を配置しています。また民主集中制ならびに統一戦線工作イデオロギーのもとで、党軍官産学民が渾然一体となった社会システムがきめ細かく張り巡らされています。

統治体制の違いによるところが大きいのは言うまでもありませんが、②制度・標準化の競争優位の項でも紹介したように、中国の場合、政策目標を達成するための合意形成手段として、企業への補助金や支援を惜しみません。単に号令だけでは動かない企業も、そうした設計主義に基づいたバックアップ、つまり「アメ」を与え、企業内の党員と党組織が動くことによって、結果的に政策にしたがって動くことが起こりうるのです。

日本でも似たような「アメ」はありますが、その規模と再分配メリハリは中国と比べものになりません。これらは、集権の中国だからできることです。納税はしているのに不幸にも「アメ」を貰えない中国人民たちが、どれだけ政府批判をしても、その声は全く広がらないという統制言論空間ならではの中国式お家芸ともいえるでしょう。日本には無理です。

また、アメリカも非常に高い合意形成能力を持っていますが、その能力は補助金などのほか、インテリジェンス機関、たとえばＦＢＩやＮＳＡなどで働いていた経験とセキュリティ・クリアランスを持った人材が、企業との間で行き来していることが下支えしています。いわゆる「回転ドア」と呼ばれる形態で、一般的に４００万人とも言われるインテリジェンス人材が、官民の垣根を越えて、裾広く社会に浸透しているために、「なぜ経済安全保障が重要なのか」に対する合意が形成されやすくなっているといえるでしょう。人材チェックするためのコストも莫大に投じているからこそ成せるアメリカのパワーです。もちろん、現在の日本も各界の専門家の方々がそれぞれの観点から、民間企業向けの書籍やセミナーなどで経済安全保障体制構築の重要性を発信し、企業として何をすべきかを啓蒙してはいます。しかしそれで十分とはいえません。民間企業と公的組織の間での人材共有、国内コストの分担ルールなどを官民の間で詰める必要があります。

補助金についても、日本政府は「半導体は産業のコメ」を合言葉に、台湾企業のTSMCに四〇〇〇億円の補助金を出して熊本に工場を誘致しました。

こうした政策を外国企業に一度だけやったところで、日本の産業競争力はもちろん、経済安全保障体制も強化されません。何十年にもわたり、何兆円というレベルで国内に投資を行い、人材育成や産業振興を行う必要があります。そうやって初めて、産業統制化へのミクロレベルの合意形成ができるといえるでしょう。

マクロレベルでもミクロレベルでも、どうしても権威主義国の方が優位に立ってしまうこの合意形成を、自由主義国としての民主的議論の柔軟性や施策でどうカバーしていくのか。もしカバーできなければ経済安全保障政策自体が形骸化しかねない一方、急進的に合意を形成しすぎても日本の産業力を弱体化させる可能性があるため、この要素は非常に重要です。政治家の胆力が試されています。

❶1つの誤解……ブロック経済への郷愁

「経済安全保障、中国切り離しで、中国の成長もここまでだ！」と、かつての米ソ冷戦のブロック経済化によってソ連が締め上げられ、ついに崩壊したという西側成功体験ノスタルジーを、中国や経済安全保障に投影してしまう向きがあります。これが「ブロック経済への郷愁」で、暴支膺懲《ぼうしようちょう》、上から目線、中国侮《あなど》り論、中国崩壊論の亜種です。

しかしこれは「誤解」ないしは、百歩譲っても数ある将来シナリオのうち蓋然性の低いものでしかなく、むしろこの幻想を持ったままでは、経済安全保障に負の影響をもたらす可能性さえあります。競争相手を侮ることは百害あって一利なし。過大評価も害悪ですが、過小評価も不要です。

そもそも米ソ冷戦時代のソ連は、ソ連自体がブロック経済化を目指し、共産国を囲い込もうとしたため、自由社会はそれに対抗するとともに、主に兵器製造につながりかねない機器や技術の輸出を制限する枠組みを設けていました。

ところが中国の場合、中国共産党自体が経済浸透工作による世界覇権奪取を目指し、徹底的に経済グローバル思考であり、「共産主義、社会主義国を増やしたい」という思想の輸出を伴わず、直接投資と貿易に邁進している状況にあります。共産主義による世界覇権ではなく、長期的な経済ゲームによる世界覇権を狙っているのです。手段ではなく、結果としての赤化・紅化・北京化です。

またグローバル化や自由貿易の推進は米ソ冷戦後の国際社会の潮流でもあり、「なるべく多くの国が門戸を開き、つながることによって経済は成長し、豊かになることで権威主義的な国家も民主化され、国同士の軋轢も減る」と考えられてきました。まさに中国はその流れにうまく乗ることで、自国を成長させてきたのです。

そのため、日中間でも歴史認識問題や尖閣問題などの政治的課題を抱えながらも、経済においては関係を深めるという「政冷経熱」を掲げてきました。

現在は、中国が進んでグローバル経済を推し進めているという、かつてのソ連とは全く逆の手法を取っていることに注意が必要です。むしろアメリカを中心とする自由社会の方が、ブロック化を進めて中国を排除しようという過程にあります。

その際に、米欧先進諸国が、人権問題等の中国の弱みをついた⑤国際的社会課題の支配を目論んだり、「共産党独裁国家である」と国家体制を理由にサプライチェーンからの排除を画策することはありますが、「ブロック化することによって、相手を弱体化させることができる」という思い込みに基づく経済安全保障推進は、あくまでも米ソ冷戦に勝利した「郷愁」に基づく希望的観測にすぎません。

「日の丸半導体の夢を、もう一度！」というのも同様ですが、成功体験は目を曇らせますので、「経済安保、米中デカップリングで中国もこれまでだ」などと誤解したり、経済安全保障政策を過信しすぎないことが重要です。

本書で何度か語ってきたように、アメリカのプレゼンスが低下し、G7諸国のアウトリーチ（外への広がり）が弱体化しており、法の支配を重視する同志国が全く一枚岩であるとはいえない昨今、ますます「中国を孤立させる」という目論見は完遂しがたい、ないしはほぼ不可能なものとなっているという脅威認識が必要です。

「ビッグデータ取引所」構想が日本を活かす道

さて、計7つのポイントについて述べてきましたが、ここからさらに具体的な提案を行っていきたいと思います。

日本が②制度・標準化の競争優位で先行できる可能性のある分野が、ビッグデータ取引です。ほぼ実現不可能なほどに課題が多くはありますが、アイディアとして検討するのは悪くありません。

日本国内で独自の信用標準を付加したビッグデータ取引所を設けることで実際の民間商取引として機能させ、世界的に有数の取引数を保つことで強みを持つ。既存の「情報銀行」と呼ばれるビジネスモデルの発展版であり、各国が取り組みだしたビッグデータ取引所に関する検討議論です。

これは先の「6つの視点」で言うところの②制度・標準化の競争優位を高めることで、④否定の力を持つことにつながる可能性がある、有望な分野といえます。

「えっ？　ネットプラットフォーマー競争で劣位な日本にそんな技術があるの？」と思われる方も多いかと思いますが、残念ながら確かにその懸念はその通りです。

ただし、ここで成功するかもしれない事例として挙げるのは、技術はソコソコでも、民間テックプレーヤー規模もソコソコでも、「日本が本件では国際政治的に有利なポジションにあるので原理的に競争優位に立てるから」という理由です。

現状においてすでに強みのある国内産業に着目しがちな、内向き志向の経済安保からは着想しにくい、国際社会を盤面にした経済安保だからこそ打てる一手といえるでしょう。ある意味では、不可能と思える大胆な国家計画ほど、まさに「戦略的」なものですし、それこそがリスク回避性向の官僚機構からは生み出されない、政治側に求められる長期志向の国家ビジョンといえます。

2019年1月23日に行われた「ダボス会議」で、当時の安倍晋三首相は「成長のエンジンはもはやガソリンではなくデジタルデータで回っている」とし、「新しい経済活動には、DFFT(Data Free Flow with Trust)が最重要課題である」と提言しました。

「デジタルデータは現代社会のガソリン」とは今やデータ(以下、本項ではビッグデータとほぼ同義)は自動運転の危険予測などAIの質向上のために必要であり、大量のデータを解析することでマーケティングや製品開発につなげることを指しているだけでなく、今やガソリン(石油)と同様、国家の安全保障を左右する戦略物資ともなっています。

なぜ国家の安全保障までも左右するのか。

例えばある地域で「感染症の発症」を示すデータに急激な動きがあったとします。こうしたデータを事前につかんでいれば、その地域に感染症対策の薬品や保険を売り込むマーケティングや投資先の判断に役立つのはもちろんですが、コロナ禍を見ても分かるように、一部での感染症の増加が世界的流行につながる兆候をつかめるかどうかは、どの国にとっても国家を運営するうえで重要な判断材料になります。

もしコロナ禍で中国が未然に「肺炎症状を訴える患者の急増傾向」をデータから把握し、早期に対処していれば感染を抑え込むことが可能だったかもしれませんし、当局が感染対策の不手際を国内外から追及されることもなかったでしょう。

だからこそ、有償か無償かはさておき、どの国も企業も、のどから手が出るほどデータを欲しがっているのが実態なのです。

DFFTは、データの自由な流通を促進しながらも、データにつきものの改竄《かいざん》や意図せぬ流出に対処し、プライバシーや知的財産権の保護を徹底し、データ取引の信頼性を高めるものです。国も企業も、個人がどのような消費行動を行っているかのデータが欲しいものですが、個人が特定されるデータをそのまま取引してしまっては大問題です。

また、データに偏りがある場合、それを排除しなければ、事業や商品開発の結果も偏ってしまいかねません。さらには、データ収集の過程で匿名性が自動的に確保されない場合、「個人の匿名性が保たれるよう加工された」状態になる前のデータを扱える人間には、前述のセキュリティ・クリアランスも必要でしょう。データを扱うには、相応の「トラスト（信頼）」が必要です。ここに、日本の「活きる道」があります。

中国にはできない、日本だから信用《トラスト》が武器になる

全世界がインターネットでつながり、日々大量のデータが行き交う中で、流通や取引の国際的な統一ルールは決まっていません。ここに日本のチャンスがあります。

たとえば欧州では、ＥＵがＥＵ域内の個人情報を保護するためのＧＤＰＲ（General Data Protection Regulation：一般データ保護規則）が２０１８年から施行されています。

ＧＤＰＲは「本人が自身の個人データの削除を個人データの管理者に要求できる」「個人データの管理者は個人データ侵害に気付いた時から72時間以内に、規制当局へ当該個人データ侵害を通知することが求められ、また、将来的には本人への報告も求められる」「サービスやシステムはデータ保護の観点で設計される」など非常に厳格なものです。また、規制に違反した場合には多額の制裁金が課せられます。

さらにはＥＵ居住者の個人データを取り扱う企業等に対してはＥＵ域内かどうかを問わずこの規則が適用されるため、該当する日本企業も対応せざるを得ません。しかしこのＧＤＰＲは厳格であるがゆえに、国際的にこの規則を標準化していくことは難しく、データ越境に関し一つの足かせにもなっています。

そうした厳格なサイバー主権運用をするＥＵにおいて、合意形成をとり具体化させた事業が、欧州のデータ取引所「ＧＡＩＡ－Ｘ」です。２０１９年にドイツ政府によってプロジェクトが立ち上げられ、２０２１年にドイツとフランスから22の事業者が参画して開始されています。

データ利用と部分的にかかわるＡＩ分野においては、２０２３年11月1日、日本、アメリカ、イギリス、中国などの「ＡＩ先進国」を招集した会議で、ＡＩの安全性に関する合意がなされました。このブレッチリー宣言では、最先端ＡＩの意図的な悪用や意図せぬＡＩによる制御の問題から重大なリスクが生じる可能性に留意するとともに、サイバーセキュリティ、バイオテクノロジー、偽情報のリスクによって引き起こされる懸念が挙げられています。

また、偏見やプライバシーなど、最先端ＡＩ以外のリスクにも言及していますが、これもデータと密接に絡む問題です。というのもＡＩが判断の材料にしているのは膨大なデータだからで、データの偏りによってAIの判断が偏ることで偏見を強化したり、データから個人の居住地や趣味嗜好が特定されないように加工したうえで流通を考えなければならないという側面を示しています。

中国の場合は2010年代半ばから、貴陽（貴州省）、西安（陝西省）、武漢（湖北省）、東莞（広東省）などにデータ取引所が設立されています。特にそのフロンティアである貴陽ビッグデータ取引所は、世界に先駆けて2015年4月に設立されました。

最近では2021年3月、「北京国際ビッグデータ取引所（Beijing International Big Data Exchange）」が設立され、サービスが開始されました。これは中国が「データは商品になる」と判断したからこその判断です。2億元とも言われる多額の投資を各国から受けていますが、中国自身に「トラスト」がないことが国際標準化の高いハードルになっています。

さらに中国にはサイバーセキュリティ法（2017年施行）、データセキュリティ法（データ安全法、2021年施行）、個人情報保護法（2021年施行）の3つを合わせた「三法」を備えており、中国国内のデータの取り扱いについて厳しく定めています（参考 https://www.jetro.go.jp/ext_images/_Reports/02/0c080037fe572f0d/202111.pdf）。

そのため、取引所への期待はもちろん、「中国14億人の生データ」への強い誘引はあるものの、中国の情報を軽々には国外に出せない「壁」を自ら築いていることもあり、中国がこの点で国際標準となることは難しいでしょう。

ただし、売れ始めれば「チャイナ式」のデータ処理や決裁、取引ルールのノウハウが標準化のベースになる可能性も否定できません。

データ取引に関しては、アメリカも出遅れが見られるため、日本が存在感を増す可能性は大きくなります。

「データ安全保障」に感度が低い日本

しかし日本の「データ」に関する根源的問題は、デジタル庁の建付けもそうであるように、「売上（データに関連した産業）」を伸ばすことよりも、データ使用の効率性を向上させて事務経費を削減させたり、サイバーセキュリティをいかに高めるかという論点に政治が拘泥《こうでい》しがちなところです。

確かに、以下に説明するように経費削減とサイバーセキュリティは重要なのですが、積極的に「データ」を使って国家規模のスケールで利益を上げる産業を育てるという議論は極めて少ないのが現状です。

サイバーセキュリティ（ここでは特に情報漏洩）に関する事件は、個人情報流出という国民一人ひとりが自分ごとと考える問題であるため、たびたび大きな話題となります。

その一つがＬＩＮＥの事案。データ流出に対する官民の対応の鈍さなど、「データ感度」の低さが露呈した場面も多々ありました。ＬＩＮＥのデータ管理に関しては、日本のユーザーのＬＩＮＥ上のデータが、ＬＩＮＥの親会社である韓国のＮＡＶＥＲで丸見え状態となり、さらに取引のある中国の企業でもデータが共有されていたという問題に加え、２０２３年末にも44万件のデータが流出するなど、問題が尽きない状況です。

にもかかわらず、日本のユーザーはＬＩＮＥの使用を控えることもなく、官公庁や地方自治体までが国民や市民とのコミュニケーションツールとして使い続けています。

さらには日本で最もユーザーの多いポータルサイトであるＹａｈｏｏ！と連携し、会社も「ＬＩＮＥヤフー株式会社」に再編。データの連携も当然始まっていますが、ＬＩＮＥがデータ管理強化に大規模な対策を講じている様子はありません。

このように、日本では経済安全保障が問われるようになってからも「データ安全保障」

に関しては感度が鈍い状態が続いています。

ただし、「データ安全保障」は単に「個人情報を一切使わない」とか、「危険な国とのデータのやり取りを分断（デカップリング）すればいい」という話ではありません。むしろ重要なのは、「どのようにデータ流通に絡んでいくか」です。

ＬＩＮＥのデータはユーザーの日々のやり取り、スタンプ購入履歴やＬＩＮＥペイ、ＬＩＮＥ証券など、金融を含むあらゆる情報を含んでいます。これを個人情報が特定されないように加工し、いわば「商材」として売ることはすでに行われており、むしろ求められているのはそれをいかに円滑に、広範囲に広げていくかという観点でしょう。

中国はそこに目をつけたのはいいのですが、日本だけでなく多くの国は「中国からはデータを買いたくない」という心理が働きます。これは先にも述べたように、中国自身に「トラスト」がないためです。

別々の経路から収集したデータは形式も収集方法もバラバラですから、そもそもそのデータが人々の実際の行動から収集されたものなのか、ダミーとして作成されたものなのかを見分けることも容易ではありません。また収集方法にも問題がないか、特に欧州などでは問われることになります。中国ではいわば強制的に情報を吸い上げられることが疑われますが、そうしたデータを欧州で使うことには問題があります。

その点、日本は「トラスト」に関しては強みがあります。ここにレバレッジをかけて、戦略的に存在感を増していく。その時には、「中国のビッグデータを日本が日本の標準化規格に従って暗号と信用を付加する形で引き受けて、そこからさらに第三国に売る」ことも考えられます。

「中国市場のビッグデータが欲しいが、厳しい取引所参入要件を課す中国市場で取引したくない。中国政府に不都合な振る舞いをしていたら、中国データ取引所から突然追い出されるのではないか」という国や企業でも、「日本のデータ取引所が間に入ってくれるなら買いやすい」でしょう。

日中間は政治交渉でバルクの取引条件を決定し、世界からの市場参加者は日本の取引所を利用してもらえればよいわけです。そしてそこで取引のノウハウが蓄積されれば、日本式が標準化のベースになる可能性も出てくるのです（そう簡単には進まないと想像されますが）。

先にも「標準化」については触れましたが、ルールメイク側に立つことの重要性が日本ではあまり理解されていません。しかし、ルールメイク側に立たずに常に「誰かが決めたルールに従うだけ」では、ルールメイク側にいる国や人々に振り回されるだけになってしまいます。

たとえばEUは2024年からエコを理由に食品などの包装に対する規制を強める方針を明らかにしました。

これにより、ワインの瓶などと形状の違うものを使う日本酒は流通規制の対象になるのではないかと大騒ぎになりました。働きかけによって規制対象外となりましたが、ルールというものはこのように状況次第で変えられてしまうものです。こうした規制を自国の産業を守るための武器に使う傾向も、当然経済安全保障の範疇《はんちゅう》で考えていかなければなりません。

「中国のデータを日本が販売する」ことで得る「勝ち筋」

経済安全保障は、あらゆる産業や貿易において「自分の強みを生かし、相手に依存することで弱みを持たれないようにすること」が重要になりますが、たとえば中国の一つのデータ取引所が日本に開設されたデータ取引所を介してビッグデータを世界に売ることになれば、中国は「日本を経由しなければデータを売ることができない」状況を作り出すことになり、日本は中国に対して自国の強みを持つことになります。

経済安全保障を「分断（デカップリング）」のみで見てしまうとこうした発想は生まれませんが、むしろ「つなぐ」ことによって「中国が日本に対して圧力をかけづらくなる」こともまた、経済安全保障であるといえるでしょう。

「中国のビッグデータを日本が代わりに販売する」という仕組みは、一見すると親中的議論のように見えますが、すべてを完全に切り離すのではない限り、実は経済関係を切り離せば切り離すほど、残っている部分での中国からの威圧が効くことになる、というパラドックスがあります。経済関係が薄くなれば、報復するためのこちら側の手段も減っているからです。

《導入編》でも触れた通り、２０２３年には福島原発の処理水放出で中国が「日本の海産物を全面的に禁輸する」という「エコノミック・ステイトクラフト」を発動してきました。もちろん日本が中国の意を受け入れて処理水放出を止めるようなことはありませんでしたが、対中輸出の多かったホタテなどの海産物を扱う業者は打撃を受けました。

しかし、仮に中国との間でかつての原油にも匹敵する可能性のある「金の卵」であるビッグデータ取引協定が行われていれば、海産物禁輸の対抗措置として日本が中国のデータを海外に売らないという措置を取られかねないため、中国も下手な行動には出られないことになります。

日本が強みを生かせる産業、となるとどうしても「モノづくり」が先行しがちですが、かつての成功体験、郷愁をいったん脇に置いて考える必要があります。労働コストに左右されないデータの標準化と取引所の設置は、経済安全保障における日本の「新たな強み」になる可能性があるからです。

米欧が詰め切れていないスキを突きつつ、中国に対しても強みを持ち、日本式をベースにしたデータ取引の標準化を目指す。これは現在の日本にとって数少ない「勝ち筋」の一つだといえます。

データセンターを都府中心部ではなく、国内では比較的緯度が高く消費電力を抑えられる地域で、災害や物理的な国外勢力からの攻撃に耐えうる非沿岸部(群馬など)に置くことで、地方の産業振興にもつながります。海外の巨大テック勢が円安を背景に、日本国内にデータセンターを設置した云々でぬか喜びをしている場合ではありません。

越えるべき政治ハードルは極めて高く、恐ろしいほどに難度の高い計画ですが、日本が世界に誇るビッグデータ取引所設置を国家戦略事業として検討してもバチはあたらないでしょう。大胆な計画は往々にしてリスクを伴いますが、これこそがまさに戦略的な計画です。

政経を分離しない「情報安全庁」構想

経済安全保障を機能させるにあたり、何よりも重要なのが国家インテリジェンス機能です。相手国の規制がどのように定められ機能しているのか、日本にどのような技術があり、どの国がどの先端技術を狙っているのか。相手国や相手企業の人権状況をどう把握するのか。それらすべてに情報収集・分析力が必要となり、また日本側の技術や情報を守るうえでも必要になります。

これは④「否定の力」に直結するのみならず、あらゆる経済安全保障の構成要素を支えるのがインテリジェンス機能であり、米中が超大国と言われる一つの所以《ゆえん》は、両国が極めて高度なインテリジェンス機能を堅持しているからです。

経済安全保障に限らず、日本の安全保障や国家戦略を扱った論説では、ほぼ例外なく「日本には真のインテリジェンス機関（機能）が必要だ」と指摘されます。しかし、べき論はあっても「どのようにインテリジェンス機関を構築し、インテリジェンス人材を育成していくか」という実践論はなかなか存在しないのが現状です。

初歩の議論として、インテリジェンス機能には、諜報（情報収集）、防諜（秘密保護）、分析・評価、妨害・破壊工作の4つが必要です。諜報、というとスパイ映画のような特殊任務によって非公開情報を盗み出すようなものを想像してしまいがちですが、実際には公開情報を広く収集することが基本です。

情報収集や分析に関しては、「オシント（OSINT）」「ヒューミント（HUMINT）」「イミント（IMINT）」「テキント（TECHINT）」などがあります。

「オシント」はopen source intelligenceの頭文字をとったもので、公開情報、公刊情報などオープンなソースから手に入れた情報を指します。インテリジェンス機関が使用する情報の9割がこのオープンソースによるもので、正しく分析すればそれで事足りるとする見方もあるほどです。さらに非公開情報を組み合わせることによって、より精緻な分析に役立てることができます。

「ヒューミント」はhuman intelligenceの略で、人を介して得られる情報を分析した情報を指します。非公開の情報を得られるのはスパイのような特殊任務を帯びた人のみのように思われがちですが、実際には外交官や在外会社員などが収集した情報もここに含まれます。

「イミント」はimagery intelligenceの略で、偵察衛星や航空機などが収集した画像から

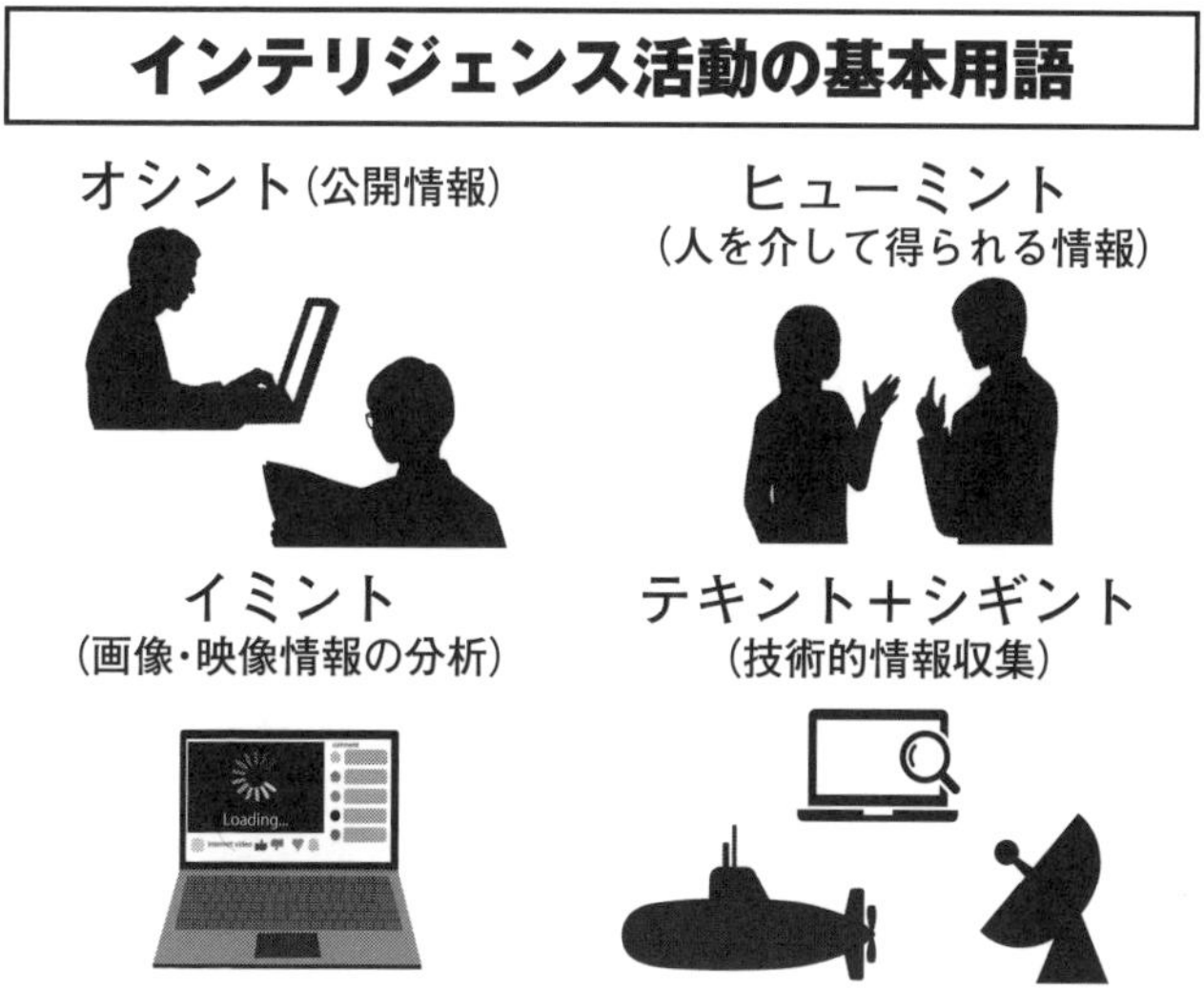

情報を分析することを指します。

近年は膨大な画像や映像がインターネット上にアップされ、公開の主体も公的機関や報道機関にかかわらず、市民を含む多くの人々に広がりました。特にその能力で情報機関なみの力を発揮している民間団体にベリングキャット（https://www.bellingcat.com/）があります。こうした画像・映像情報の真偽を見極め、分析に役立てることも「イミント」の新しい側面です。

「テキント」はtechnical intelligenceの略で、通信傍受や暗号解読を行う「シギント（SIGINT、signals intelligence）」、レーダーや音響、化学物質などの科学的分析によって得られる「マシント（MASINT、 measurement and signatures intelligence)」を含む、機械技術的な情報収集源に基づくものを指します。

インテリジェンス機関やインテリジェンス人材には、こうした様々な手段や観点から得られる情報を分析し、目的に沿った分析を出すことが求められます。

現在はインターネットで非常に多くの情報を入手することができます。経済安全保障においては、各国の政府が発表する新法や輸出規制の動向を把握することは最低限、必要な作業といえるでしょう。また、収集した情報に対する正確で精緻な分析も、インテリジェンスの一要素です。

日本には乏しい「インテリジェンスの官民連携」

そうした「オシント」に基づく情報の発信や分析に関しては、現在でも日本貿易振興機構（JETRO）や一般社団法人安全保障貿易情報センター（CISTEC）などが手がけています。しかしこうした機関が、たとえば相手国の人権状況の調査までを担うことは事実上、不可能です。また、日本政府の情報機関としては内閣情報調査室、警視庁公安部、公安調査庁があり、それぞれ経済安全保障体制の構築や推進に努めてはいます。

内閣情報調査室は国内の災害・緊急事態情報に限らず、国際テロ情報の収集分析や、カウンターインテリジェンス機能も備えているほか、経済分野担当で主にエネルギー安全保障に関する動向を追う専門職員を抱えています。

公安調査庁は2021年4月、経済安全保障に関する特設ページを公開（https://www.moj.go.jp/psia/keizaianpo.top.html）。月別で各国の経済安全保障に関わる動向や、「啓発リーフレット」などを発信しています。「啓発リーフレット」では、「技術・データ流出」「軍事転用されかねない製品等の流出」などに警鐘を鳴らし、官民の連携を訴えてはいますが、連携が実現するところまではいっていないのが現状です。

警視庁公安部は、特に技術流出の観点に絞り、公安部外事課が経済安全保障に特化したプロジェクトチームを設置しています。特に留意しているのはやはり「防諜」の観点であり、諜報に関しては「技術の持ち出し」を狙う主体に対する情報の収集に限られている印象です。

防諜に関しては、サイバー空間が情報漏洩を考慮すべき最前線となっていますが、現在は個々の企業が「企業努力」として情報漏洩に努めるほかありません。

２０２０年、三菱電機が大規模なサイバー攻撃を受け、１０００件を超える情報が流出する事件が発生しました。中国のハッカー集団が関与した可能性が指摘されてはいますが、かなり厳重なセキュリティ対策を講じていた大企業でも突破されてしまうとなれば、国を挙げた対処が必要になります。

２０２４年にはロシア系とみられるハッカー集団が出版社であるＫＡＤＯＫＡＷＡに大規模なサイバー攻撃を仕掛け、ニコニコ動画や同社の出版・受注サービスなどが停止するという事件も起きています。

⑥産業統制化への合意形成でも説明したように、アメリカでは政府のインテリジェンス機関で仕事をした人材が、民間にも雇用され、社会のあらゆるところに存在する実情があります。

ＣＩＡやＮＳＡなどアメリカ国内に17あるインテリジェンス機関は８兆円以上にも上る予算を使い（警察政策学会　テロ・安保問題研究部会「米国国家安全保障庁の実態研究」茂田忠良、２０１５年）、先の４つのインテリジェンス機能を保っています。そしてそこで経験を積んだ人材が、民間企業向けにも情報収集や分析の手法を持ち込んでいます。まさに「インテリジェンスの官民連携」が広く行われていることになります。

当然のことながら、こうした情報収集・分析を行う人材に対して、アメリカではセキュリティ・クリアランスが実施され、その適格性に応じて扱う情報の機微度も変わってきます。つまり、人材に対して素行・素性調査を行い、秘密情報にアクセスできる宣言を与えられるかどうかを判別する審査が行われます。

このチェック項目には家族構成や飲酒習慣、借金の有無などが盛り込まれます。たとえば多額の借金がある場合、その返済のために機微情報を、金銭を対価に漏洩してしまう危険性が高くなる、とみなされ、秘密情報を扱う適格性は低いと判断されます。

日本では公務員に対し、2007年策定の「カウンターインテリジェンス機能の強化に関する基本方針」に基づき、2009年4月1日から特別管理秘密などを取り扱う行政機関の職員に対し、適格性の確認が行われています。

また2014年の特定秘密保護法規定以降は、契約に基づき特定の秘密を取り扱う業務に就く人物に対し、民間人であっても行政機関が適格性を調査する適正評価が行われています。

経済安全保障推進法案でも、機微技術を取り扱う民間人に対してこのセキュリティ・クリアランスと適性審査が行われるべきではないか、という論点が当初からあり、推進法成立時には外れたものの、2024年4月に成立しています。

機微技術が保護対象になるかどうか、また先端技術が支援対象になるかどうかなどを判断するためには、その技術自体を知っていなければなりませんが、協議会やシンクタンクの構成員の適格性が担保できなければ、民間企業も研究機関も、その情報を政府に預けられません。また政府の側も、民間に対して情報の秘密レベルがどこまで区分けされているかが判断できなければ、うかつに話をすることもできなくなります。

何よりも必要なのは、〝情報〟に対する意識の変革です。その一例として、自民党の平将明衆議院議員は、2022年4月、海外からの選挙介入や国民を分断する世論操作などの偽情報（ディスインフォメーション）に対応する部署として、総務省または官邸に「内政干渉対策室」の設置を提言しました。

自民党内で、セキュリティ・クリアランス制度を日本でも導入するために、対象者の個人情報データを管轄する部門について議論したい、との話が出ていた、ともいいます。

実は筆者も2016年に、インテリジェンス機関に準ずる組織（公安警察・公調・内調など）が連絡し合う横串の情報コミュニティーをさらに拡充し、総司令部機能を持たせる組織として「情報安全庁（略して「情安」？）」を提案しましたが、その実現の第一歩となる動きが自民党から出てきたことは歓迎すべきでしょう。

情報安全庁構想（2016年版）

〈情報安全庁とは何か〉

物理的な日本国内外およびサイバー空間の情報を統合的に調査、分析することを通じて、日本の国家主権を守り、国民の生命と財産を保護する

〈現状〉

●インテリジェンス分析機能
→内閣情報調査室（CIRO）など
●サイバーセキュリティ機能
→内閣サイバーセキュリティセンターなど

↓

〈目標〉

●高度な国家インテリジェンス統括本部
（ヒューミント＋サイバー工作＋分析の人材育成）
●包括的なサイバーセキュリティ
（防壁運用＋多国間連系）
●積極的で多面的なAIの実践活用
（サイバーパトロールディフェンス、アクティブディフェンス、インテリジェンス分析）

↑

情報安全庁の活動を監視するカウンター牽制組織も
同時に立ち上げ（衆参の情報監視審査会をアップグレード？）
高度にデジタル化した行政主体から
適切に国民生活とプライバシーを守る

「政府の個人情報の収集は悪」では国民を守れない

インテリジェンス機関は、国家安全の目的のために、国民一人ひとりの情報も取り扱います。これに関して過去の政治議論を振り返ると、日本国内では国家行政が国民の情報を収集することに対して、主に左派イデオロギー勢力を中心に、国家に個人情報が悪意を持って盗み見られるかのような否定的な政権批判が展開されることがしばしばありました。

そのアジテーション文脈の中では、国家の国民情報収集は即ち個人情報保護を蔑《ないがし》ろにすることである、と議論がすり替えられてしまうようです。

これでは日本はいつまでたっても、国民情報（データ）を活用した効率的でスマートな社会か、国民の個人情報保護か、というトレードオフの議論、政治的二項対立アジテーションから抜け出すことができません。

そこで「情報安全庁」構想の肝要は、国家がデータをきめ細かく収集し活用することを前提に、行政権力内での複数のインテリジェンス機関間牽制と、行政から離れた立法府（国会）に強力な権限を付与したインテリジェンス監察部門（現在の情報監視審査会のアップグレード版や別組織）を同時に設置することで、国家権力組織間でパワーバランスを保とうという思想にあります。

セキュリティ・クリアランス制度の確立には、前述のように関係者の財務情報までを国がチェックする必要がありますから、慎重な制度づくりが求められます。まずは、情報機関に関わる官僚や議員、民間人の銀行口座の入出金や人的接触が国家にチェックされることへの同意形成と実施が第一段階となり、これを10年強で達成できれば、かなり迅速といえるでしょう。また、国外勢力に関わる人物の行動把握をいかにするのかという議論、すなわちアメリカの外国代理人登録法（ＦＡＲＡ）のような制度を、いかに日本カスタマイズ版として運用していくかの議論も必要になってきます。

次に必要なのは、インテリジェンスコミュニティ各セクションの力関係の均衡・調整。最後に、アプリケーションとしての「内政干渉対策室」等の設置で、30年後くらいに総合的なインテリジェンス機関が発足できれば、空前のスピード感となります。与野党分け隔てなく、インテリジェンスや情報テクノロジー分野に通じる次世代の議員にも橋渡しをして、長期インテリジェンス国家目標として達成できるよう働きかけていかなければなりません。

軍事忌避の風潮が隔ててきた産学と安全保障

経済安全保障の話題で浮上してくるのが、「経済」活動によって蓄えられ、磨かれていく民間技術を、いかに「安全保障」に活かすか、という観点です。

中国が他国の新興技術や研究にまで目を光らせて自国の産業振興や軍事領域での発展に生かそうとしている中、これに対抗するには日本も「経済と安全保障を全く分離された状態のままにしておくのではなく、民間の投資や学術的研究の成果が、自国の安全保障に資するシステムを構築すべきだ」、との指摘が出てきます。

たとえば元外務官僚でNSC次長を務めた兼原信克・同志社大学教授は、次のように述べています。

〈世界中、先進国ならどこでも科学技術の進歩が安全保障の要だと知っている。安全保障のための技術は、国を守り、国民を守り、ひいては戦場で自衛官の命を守る技術である。だからゲームチェンジャーとなるような機微技術には、政府が安全保障を名目に巨額の投資をして民間企業の追う高いリスクを負担している。米国の米国防省高等研究計画局（DARPA）がそうであり、中国の「軍民融合」政策がそうである。

しかし日本では科学技術や産業技術と国防が完全に分断されているという特殊な事情がある。

理由の第一に、第二次世界大戦の敗戦国となったことで、技術、産業を含む日本の戦争遂行能力をそぐことが占領軍の狙いだったことがある。

第二に、冷戦による激しい国内分断があり、学術界やメディアが左傾化し、防衛省との協力を拒んできたことが挙げられる。

こうした分断ゆえに、日本の科学技術予算は年間四兆円もあるにもかかわらず、内閣府科学技術統括官組織、文科省科学技術学術政策局、経産省産業技術局が取り仕切り、国防担当の防衛省、防疫担当の厚労省、防災担当の国交省は排除されたままである〉

（安全保障・外交政策研究会「提言・論考」より）

過去のトラウマと軍事忌避の風潮が、科学技術と安全保障の直結を拒んできたのが日本社会であり、兼原氏も指摘するように、防衛省が安全保障技術研究推進制度を立ち上げ、基金を作り研究環境を整えようとした際も、日本学術会議は国立大学に「協力を全面的に拒否せよ」と指示。実際に東京大学などは次のような声明を出しています。

〈学術における軍事研究の禁止は、政府見解にも示されているような第二次世界大戦の惨禍への反省を踏まえて、東京大学の評議会での総長発言を通じて引き継がれてきた、東京大学の教育研究のもっとも重要な基本原則の一つである。この原理は、「世界の公共性に奉仕する大学」たらんことを目指す東京大学憲章によっても裏打ちされている〉

しかし一方で、日本学術会議の元会員や連携会員とされる研究者が、中国の「国防七校」に指定される人民解放軍に近い、あるいは関係の深い大学に所属していたことも指摘されています。先に挙げた日本版FARAに関する議論と同じく、いかに「人」を管理していくのかは、常に自由主義とのバランスの問題になります。

「中国の方が研究環境が整っている」ことを理由に中国へ渡る研究者を止めることは難しくとも、さすがに「日本での軍事研究を禁じていながら、中国での国防に直結する研究機関への所属を禁じないのはいかがなものか」との批判は免れないでしょう。

中国軍需企業を管理する
国家国防科学技術工業局に直属する
〈国防七校〉

北京航空航天大
北京理工大
ハルビン工業大
ハルビン工程大
南京航空航天大
南京理工大
西北工業大

→

日本の国公私立大45校が、国防七校と学生・学術交流協定を結び、うち9校がナノテクノロジー（北海道大）、原子核（大阪大）などの共同研究を行っていた

＊産経新聞2020年12月9日「主張」より

学術的な研究費が「選択と集中」を名目に、全般的に圧縮されつつある日本の現状で、いきなり米国型、あるいはそれを追う中国型を目指し、多大な予算を技術に投資し、官民が一体となって新しい技術を生み出し、安全保障に資する体制を整えることは難しいかもしれません。

しかし軍事忌避の風潮によって日本が脅威にさらされるようなことはあってはなりません。また、技術発展の偏りによって軍事バランスが崩れることは、時に紛争を誘発する可能性さえあります。イデオロギーを排し、真に「世界の公共性」に資するためにも、「技術面からの安全保障」は検討される必要があるでしょう。

日本国内各界からの批判の声はあれども、安全保障のための軍事技術研究推進について、政治家が国民に対して理解を求め、議論を成熟させていくことが必要です。議論喚起と国民への真摯《しんし》な説明と最終的な決断は、その必要性を認識する政党、政治家の仕事です。

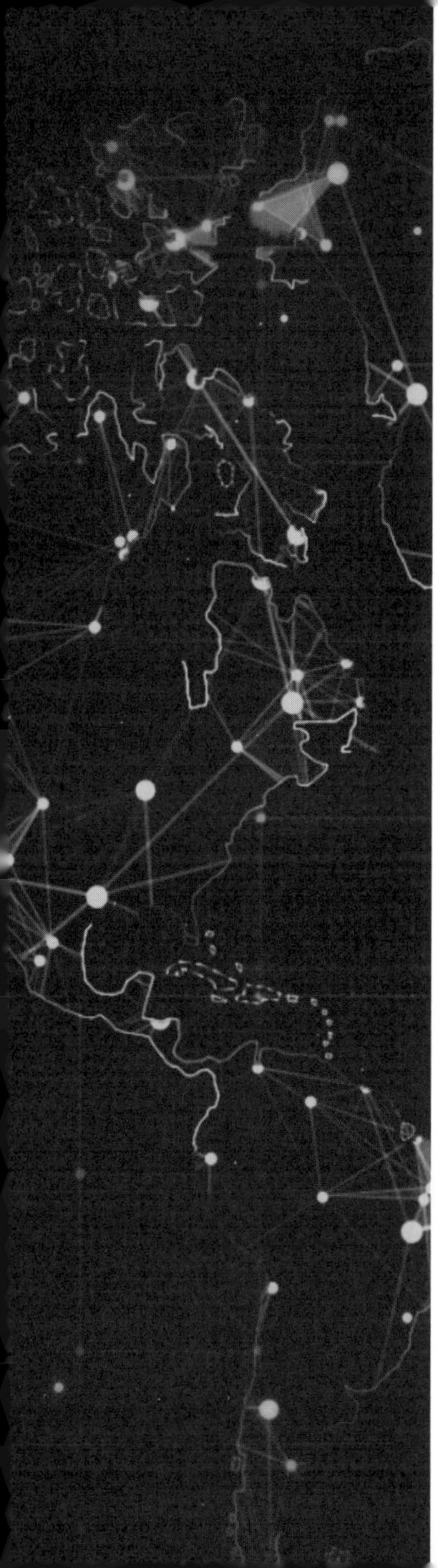

第三部

米中分析編

激変する世界をどう見るか

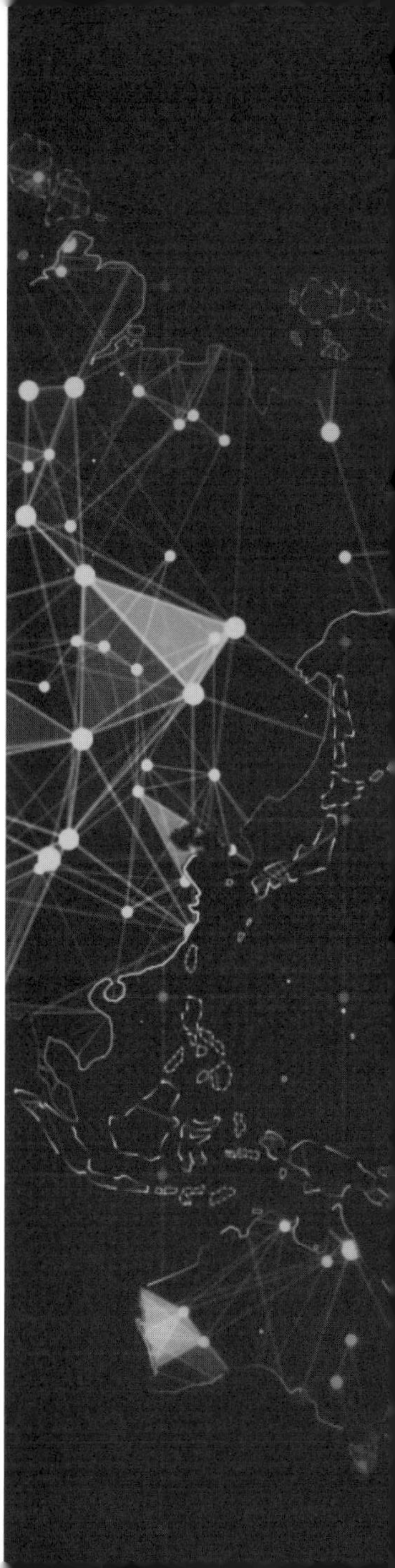

中国は経済安保の動きをどう見ているか

2018年のトランプ政権の対中政策から急激に強まったかに見える「経済安全保障」の論点ですが、実際米中間では、以前から輸出規制のかけあい合戦などが起きてはいました。また、これまでにも触れていますが2021年にバイデン政権となってからも、この傾向は強まる一方で、特に注目されたのがアメリカによる「半導体規制」でした。さらに人権（労働者搾取）を理由にした新疆綿の使用停止に対しては、中国も「反外国制裁法（信頼できないエンティティリスト規定、外国の法律および措置の不当域外適用阻止弁法）」を設定した対抗措置を取っています。

そもそも米中に限らず、「経済が国家の安全保障に影響する可能性を考慮し、対策を講じておく」施策は、どの国でも当たり前にやっていることだ、といっても過言ではありません。

そのため、日本が「経済安全保障を徹底して、中国をサプライチェーンから外し、機微技術の流出も許さない」と動き出して以降も、中国から日本を念頭に置いた対抗のリアクションは、それほど起きていません。

ここでのリアクションとは、頻繁に観測される個別輸出入規制や嫌がらせなどを指すのではなく、今般の日本側の経済安全保障政策全般のアップグレードに対する、中国側の経済安全保障政策全般を変更するような根本的な変化はさほど見られていない、ということです。

一方で、アメリカの対中政策変更には中国側は敏感に反応していました。

中国は、日本を全く意識していないというよりも、そもそも米国の対中強硬アクションに呼応する形ですでに対抗策を打ち出しているから対応済みである、といった方が正しいかもしれません。

中国は２０２１年には、第14次５カ年計画の第53章で〈国家経済安全保障の強化〉を掲げ、〈経済安全リスクの早期警戒、抑止のメカニズムおよび能力の建設を強化し、重要産業、インフラ設備、戦略資源、重大科学技術等における安全保障の可制御性を実現し、食糧、エネルギー、金融等の分野における安全保障・発展能力の向上に力を入れる〉としています。

具体的には①食糧安全戦略の実施、②エネルギー資源安全戦略の実施、③金融安全戦略の実施を掲げ、「経済安全保障プロジェクト」として、①食糧備蓄施設、②石油・天然ガスの探査開発、③石炭液化油・石炭ガス化基地、④電力安全保障、⑤新規鉱床探査ブレイクスルー戦略行動、⑥緊急対応能力の向上を挙げています。

食糧問題は中国にとって最大の弱点です。14億の人口を抱え、世界的な不作や戦争などの非常事態が起きた時、カネを払っても世界市場から食料を調達できなくなるリスクは、民主化問題や経済失速と比べものにならないほど、党指導部の崩壊につながる可能性が高いからです。

逆にいえば、中国が農業分野でＩＣＴを応用するアグリテックや、農業関連の知的財産をのどから手が出るほど欲しがっているのは、こうした背景からです。日本にはこれらの分野で彼らと高い交渉力をもって取引できる材料がそれなりにあるので、我が国が戦略的立場を強化できる余地が多く残されています。

米中間では、アメリカが何らかの対中政策を一つ講じれば、中国も同程度の政策をやり返すというような応酬が、２０１７年以降、行われています。

なかでも特筆すべきは中国が２０２０年10月に制定した「輸出管理法」で、特定品目の輸出禁止や、既製品リストの整備、エンティティリストの導入などを規定しています。そしてこの「輸出管理法」も「総体的国家安全観」（後述・１７３ページ）に基づくものであると規定されています。

条文では〈国または地域が中国の安全や利益を損ねる輸出管理措置を乱用する場合、中国は実際の状況に基づき、その国または地域に対して対等の措置を講じることができる〉（第48条）としていて、アメリカに対する報復として機能させる姿勢も見えます。

「経済をもって、外交に影響力を及ぼす」という施策がアメリカで肯定されたことを逆に中国が利用し、さらなる経済を使った攻勢（エコノミック・ステイトクラフト）的手段に出る可能性も高まったといえます。

さらに2021年には「反外国制裁法」を成立させています。これは「人権や香港の問題に関して外国がとった懲罰的措置に対し、中国が報復措置を講じることを可能にする」というものです。

こうした法整備は、「対象となるケースがあまりに曖昧で、状況や中国政府の思惑によって恣意的に運用される可能性がある」と問題を指摘する声もあります。

たとえば2024年1月には、台湾に武器を販売したアメリカの企業5社が「反外国制裁法」によって中国国内での動産・不動産その他各種資産の凍結、中国国内の組織・個人がこれらの企業と取引や協力などを行うことの禁止を含む制裁を科すと発表しています。

当然のことながら、こうした中国の法律は必ずしもアメリカだけを対象としているものではないため、日本企業が規制に引っ掛かり、中国との取引に何らかの支障が生じることが懸念されます。たとえば、中国製の部品や素材を含む日本製の製品を他国に輸出する場合、中国からの「再輸出」であるとみなされ、規制の対象になりうるとの指摘もあります。

さらに中国は、これまでとは違って自分たちが知的財産や先端技術を生み出す側になったことで、これをどう守るかについても神経をとがらせています。今後はこの方面の規制も強まっていくものと思われます。

その他、データ管理や外国からの投資に関しても中国は法整備を着々と進めており、経済安全保障体制を実質的に整えているといえます。

中国が「軍民融合」を推進しなければならなかった理由

日本が経済安全保障を議論する前から、中国で実施されていたのが「軍民融合」です。産業、国防、その他あらゆる場面において軍と民の垣根をなくし、平時においては軍事技術の民間転用などを推進、有事においては民間人や民間資源を軍事転用することにより、安全保障の場面だけでなく、経済発展においても軍と民の一体化を図る政策が、中国の「軍民融合」です。

中国の第12次5カ年計画（2011年発表）にある「軍民融合」の説明箇所を見ると、どのようなものを想定しているか、より詳しく分かります。

〈第60章　軍民融合発展の推進

国家主導、制度革新、市場運営、軍民包括の原則を堅持し、経済建設と国防建設を統一して計画し、社会資源を充分に頼り活用して、国防力と軍事力を高め、軍事資源の開放・共有および軍民両用技術の相互移転の推進に力を入れ、社会主義市場経済の法則に適応し、情報化の条件下で局地戦争に勝利するために必要となる中国の特色ある軍民融合型の発展体制を逐次構築する。

軍民を結合し、軍工企業を民間経済に宿らせる武器装備科学研究生産システム、軍隊人材養成システムおよび軍隊保障システムを構築・整備する。

先進的な国防科学技術工業を建設し、構造を最適化し、情報化を志向し、先進的研究・製造を基礎とした核心能力を強化し、科学生産を妨げる基礎的なボトルネックを早急に解消し、武器装備の自主的な発展を推進する。

武器装備購入制度を整備する。

軍隊人材の募集・選抜を見直し、地方から直接徴兵された各種人材に関する政策制度を整える。

退役軍人への配慮政策を整備し、退役軍人の研修・就業配慮を強化する。

生活保障と汎用物資の備蓄、装備メンテナンスなどを重点とした軍隊保障社会化改革を着実に推進し、国家人事労働と社会保障法規体系に適した軍隊従業員管理制度を構築し、軍民を結合した軍事物流システムと、軍民が一体化した戦略的投射戦力システムを構築する。

経済建設において国防ニーズを貫く方針に徹し、重要なインフラと海洋、航空・宇宙、情報など重要分野における軍民の深層レベルでの融合と共有を強化し、政策メカニズムと基準・規範を整え、経済づくりと国防づくりの調和の取れた発展と相乗効果を促進する。

国防に対する全国民の意識を高め、国防動員体制を健全化し、国民の武装、国民経済の動員、人民の防空、交通軍備建設および国防教育を強化し、国防動員による平時のサービス、非常事態の緊急対応、戦時応戦能力を増強する〉

習近平はこの軍民融合施策を2015年3月、国家戦略にすると正式に発表し、2017年から実施。2017年1月に党機関として「軍民融合発展委員会」を設置しました。なぜ国の機関ではなく、党の機関として設置する必要があったのかは、《基礎編》（47ページ）に記したとおりです。

日本では主に経済分野で「民間で培い、あるいは民間から吸い上げた技術が軍事面での技術開発に使われる」「それによってイノベーションが促進され、より中国の軍事技術の開発速度が上がる」といった部分への警戒が指摘されますが、実際には「退役軍人の再就職支援」が入っていたりもします。

これは単なる再就職という意味だけでなく、2017年の軍制改革で削減対象となった30万人を中心に、積極的に起業・操業を促したことにつながっています。今般の「軍民融合」とは意義も時代も異なりますが、中国では一見、軍関連企業ではなくとも元軍人が創業・経営する民間企業は多く、その先駆けで最も成功した事例がファーウェイ創業者の任正非《じんせいひ》です。

背景には中国が驚くべきペースで伸ばしてきた国防費の伸び率が近年、低下し始めたことがあります。もともと軍工企業が持つ技術を民間転用して稼いでいたところに、デュアルユースの裾野を広げ、民間セクターでも利潤を上げることで民間関連企業の体力をつけます。また、民間企業や国有の軍工企業による共同軍事研究を促進、さらに民間のイノベーションを軍事研究に生かそうというわけです。結果として、国防費を抑えながら技術向上を図ります。

また中国が経済合理性のために必要だったという理由以外に、習近平指導部は中国内部の政局的に利用したという側面もありました。習近平指導部が発足した2012年当初から掲げられたいくつかの解決課題の一つが「反腐敗」だったという背景もあります。

習近平指導部は、発足初期の数年間は行政機関や司法機関の腐敗低減を中心とする政策にとりかかりました。そのうえで、さらに巨大な腐敗の温床となっていた人民解放軍にも手をいれる必要がありました。

強権の習近平党指導部といえども、人民解放軍組織の腐敗是正はそう簡単に達成できるものではありません。大鉈《おおなた》を振るった軍制改革を通じて組織体制を変更させることで、人事異動を発生させ徐々に中央軍事委員会主席たる習近平が動かしやすく目が行き届きやすい人民解放軍の人事構成に変化させていきました。

武器調達取引汚職をはじめとした軍内の腐敗を低減させるために、軍の各部門と民間が取引する軍民融合は都合が良い施策だったともいえるでしょう。

中国では「軍事技術を民間転用できそうなもの」と、逆に「民間技術で軍事技術に使えそうなもの」をそれぞれリストアップし、事細かな技術を掲げつつ、研究プロジェクトを募っている実態もあります。たとえば前者であれば新素材、スマート製造、ハイエンド装置、応急救援など。後者では水中無線潜航機、スマート無人装置、ネットワークセキュリティ、画像処理などが掲げられています。

「中国製造2025」「中国標準2035」とは何だったのか

「中国製造2025」とは、2015年に習近平指導部が提唱した産業政策であり、国家目標です。近年、この標語は使われなくなってきていますが、参考までにどのようなものなのか見ておきましょう。

ちなみに中国では、達成困難になってきた計画は、歴史から消えるかのように語られなくなることが往々にしてあります。

10の分野と23の品目を「重点的に力を入れるべき産業」とし、2025年までに中国が

「製造強国の仲間入り」を果たし、中華人民共和国建国百周年となる2049年までに「世界の先頭に立つ」ことを目標としています。

さらに「5つの基本方針」「4つの基本原則」を設けて「9の重点戦略」「10の重点分野」をそれぞれ設定。それぞれの分野、品目について具体的な数値目標を掲げ、中国国内と世界市場における占有率を達成できるよう、施策を打ち出しています。

「5つの基本原則」

①イノベーション駆動
②品質優先
③グリーン発展
④構造最適化
⑤人材本位

「4つの基本原則」

①市場主導・政府誘導
②現実立脚・長期視野

③全体推進・重点突破
④自主発展・協力開放

「9の重点戦略」

①国家の製造イノベーション能力の向上
②情報化と産業化のさらなる融合
③産業の基礎能力の強化
④品質・ブランド力の強化
⑤グリーン製造の全面的推進
⑥重点分野における飛躍的発展の実現
⑦製造業の構造統制のさらなる推進
⑧サービス型製造と生産者型サービス業の発展促進
⑨製造業の国際化発展レベルの向上

さらに「⑥重点分野における飛躍的発展の実現」に向け、「10の重点分野」を設定しています。

①次世代情報通信技術
②先端デジタル制御工作機械とロボット
③航空・宇宙設備
④海洋建設機械・ハイテク船舶
⑤先進軌道交通設備
⑥省エネ・新エネルギー自動車
⑦電力設備
⑧農薬用機械設備
⑨新材料
⑩バイオ医薬・高性能医療器械

「中国標準2035」は「中国製造2025」に比べると知名度が低く、中国内政的には国家標準化管理委員会が勝手にやってポシャった計画として名称も変わってしまったのが現状ですが、《実践編》の②制度・標準化競争の項でも述べた通り、その後、党中央と国務院が関わる「国家標準化発展綱要」という形で2021年10月に公布されています。

「国家標準化発展綱要」では標準化を進めなければならない分野として、大きく4つの分野と、それぞれに具体的な事例が挙げられています。

①標準化と科技イノベーションの相互発展（AI、ビッグデータ、自動運転に関する安全基準の策定、新素材分野における技術開発と標準化など）

②産業標準化レベルの向上（金融分野、不動産、物流などに関する標準の改善とデジタル化、データ保護、ネットインフラの標準確立など）

③グリーン発展における標準化保障の改善（カーボンニュートラルを意識した省エネや、CO2排出に関する改善、エコツーリズムなど）

④都市と農村・社会建設に関する標準化加速（スマート農業など農村活性化、スマートシティなど都市化、行政サービスや信用情報の収集・使用などの基準の標準化）

また、国際標準との関係として、国際的な専門標準化団体への積極参加や「一帯一路」、BRICS、APECなどにおける標準化分野での連携や、国際標準策定への関与、中国標準・国際標準の互換性促進を進めていくことなどが挙げられています。また、「特許制度を改善することで、標準化に合わせるとともに知財保護を強化」「データ資源の財産権についての標準確立」なども視野に入っているようです。

アメリカを凌駕するためのツール「一帯一路」構想

中国の「一帯一路」構想は、習近平国家主席が2013年に提唱した「巨大経済圏構想」、「経済対外拡張構想」です。

もちろん中国が公言することはありませんが、経済権益をベースにした覇権主義的な構想であり、2049年までにアメリカを凌駕《りょうが》する超大国化を目指す中国の具体的な手段で、経済的権益の拡大と表裏一体でもある軍事的な影響力の拡張をも見据えた構想です。

北京から欧州までを結ぶ地上の「シルクロード経済ベルト（一帯）」と、上海からインド洋を通って欧州に至る「21世紀海上シルクロード（一路）」という帯状の経済圏を想定し、ガスや石油のパイプライン、鉄道、道路、経済回廊、港湾、発電所、電力網などのインフラ建設を融合させた概念です。

沿線上にある、実に65カ国がこの「一帯一路」構想に参画し、中国はこの地域のインフラに影響力を持つことで、産業・経済面の存在感を増そうというのはもちろん、軍事安全保障上も、あるいは外交目的でもこのフレームをうまく使っていこうという思惑があります。

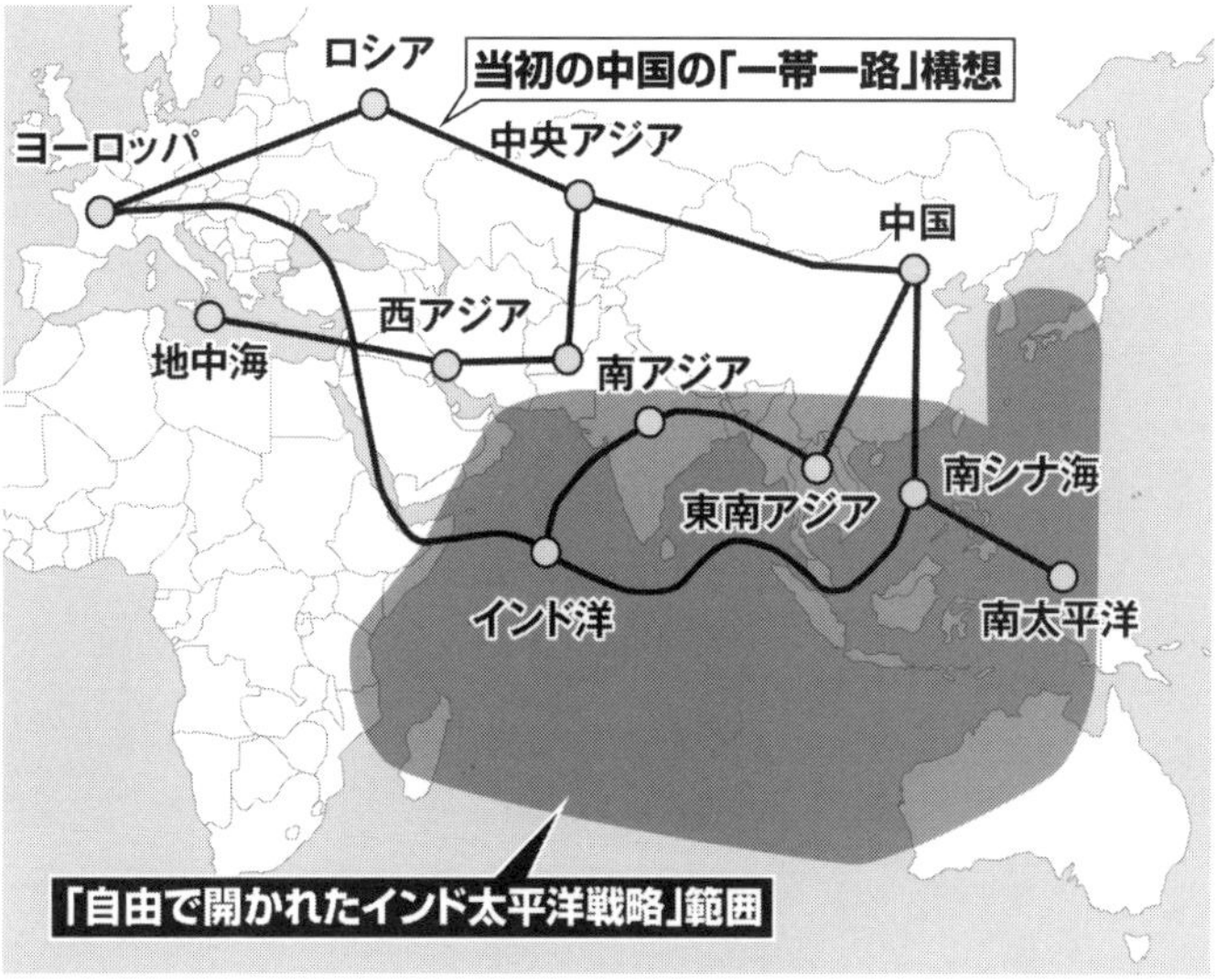

そもそも「シルクロード」とは、紀元前から15世紀まであったとされるユーラシア大陸の交易路であり、それにちなんで名付けられたものが中国の「(現代版)シルクロード」です。しかし2024年現在、その名称は何だったのかと疑問をもちたくなるほどに、中国は太平洋を超えて中南米諸国と一帯一路への参画協定・覚書を交わすなど、地理的概念が大幅に拡張してきています。

近年、北極海ルートも中国の対露バーゲニングパワー増大で抑えられるようになってきましたし、中南米という「(もはやシルクロードという地理概念を超越した)飛び地」でも20カ国以上が支持・参画の表明をしています。

これを受けて、日本が中核的に関与するＣＰＴＰＰや、米国が主導するブルー・ドット・ネットワーク、ＩＰＥＦ、先日のインドが提唱したＩＭＥＣ（インド・中東・欧州経済回廊）等々のフレームは、一帯一路のカウンターとして登場してきた側面もあります。

つまり、「一帯一路」構想そのものが、北京中央にとっての重層的な覇権影響力拡大の手段であり、軍事経済の統合拡張的発想になっているわけです。

そうした巨大な仕掛けの「一帯一路」が、一次元下のレベルの概念である経済安全保障を内包するのは自然であって、「一帯一路」の拡張はエコノミック・ステイトクラフト発動のための源泉資本になりうる可能性がある、ということになります。

すでに２０１７年の時点で、スリランカは中国にインフラ整備名目の多額の投資を受けたものの、返済不能に陥ってしまい、その代わりにハンバントタ港の99年という長期リースを飲まされる、という事例がありました。借りているのは中国企業ですが、ここを中国海軍の拠点とするのではという指摘もあります。

また、インフラなど目に見えるものだけではなく、一帯一路を「デジタル人民元」実装ゾーン（つまり、中央銀行発行デジタル通貨の地域標準化）とする構想や、一帯一路地域を行き来する大量の物流データを経済や安全保障に生かすのではないかとも見られています。

すでに中国は一帯一路に関連し「デジタルシルクロード構想」も提唱しており、この地域での中国のデジタル製品・サービスの輸出を促進し、同時に5Gをはじめとする次世代デジタル技術における国際標準化の主導権を確保することを目指しています。

ただし一部ではすでに当初の戦略的プロジェクトが中止となった箇所もあり、また融資の規模が当初に比べて縮小するなど、すべてが中国の思うようにうまく進んでいるわけではありません。

また、2022年2月末から始まったロシアによるウクライナ侵攻が、この一帯一路構想に及ぼす影響にも目を向ける必要があるでしょう。ロシア・ウクライナともにこの一帯一路構想の沿線国となり、両国とも中国と東欧・欧州を結ぶライン上に鉄道や道路などのポイントを持っていました。

また構想にはポーランドをはじめとする中東欧の国々も入っていましたが、ロシアがウクライナ侵攻に及び、中国が「中立からロシア寄り」のポジションを取ると、ウクライナはもちろん、中東欧諸国の対中姿勢も見直すように変わらざるを得なくなります。

とは言え、宇露戦争の前からすでに中国が2020年に「内循環を主流にした双循環」

宣言を出してから、外向き投資が軒並み低減していて、中東欧諸国が期待していたよりもはるかに投資が少なく、気持ちが中国からすっかり離れていたというリアルな背景は理解しておく必要があるでしょう。

「どうせ中国は失敗するだろう」では足元を掬《すく》われる

このように、参加国が多いこと、カバーしている面積が大きいことから変数も増えてしまうのが巨大構想の難しさなのですが、実際のところ、一帯一路構想の「現状」はどのようなものなのでしょうか。

2023年には「一帯一路」サミットが開催されましたが、日本国内のメディアでは、「反中論」を繰り返しがちな論客系の人ではなく、対中スタンスがニュートラルなコメンテーターと呼ばれる方々でさえ、「G7唯一の参画国であるイタリアでさえ抜けることが既定路線になっている一帯一路は、すでに失敗した外交フレームである」と解説していました。

しかしこうした見方は、「どうせ中国は失敗するだろう」という思い込みに基づくもので、正しい対中認識とは言えません。もちろん、「一帯一路は終わった外交フレームではない」という指摘は、直ちに「一帯一路は成功する」という主張と一致するものではありません。万事うまくいくとも言えないが、オワコンでもないのです。

なぜ「一帯一路は終わっていない」のか。その理由の第一は、実際に一帯一路を支持する国家が少なくない（多い）ことです。確かにイタリアは離脱を表明しましたが、それに続いて次から次へと「抜ける」状況には至っていません。むしろ中南米など新しく参画した国もあります。

もちろん、一帯一路に関する「一度結んだ協定・覚書を単に破棄していない・実際的な投資は未実施である」ということと「積極的に一帯一路に参画していたりプロジェクトを履行中」というスタンスには大きな隔たりがありますが、支持・参画国数からいえば、一帯一路は失敗している、とは言えない数になっており、２０２３年のフォーラムにも世界各地１３０カ国以上の参加が公式に発表されています（http://japanese.china.org.cn/politics/txt/2023-09/27/content_116716234.htm）。

つまり、一帯一路は、コンテンツとしての力は弱まっているかもしれないけれども、構造体（ストラクチャー）としては維持されている、ということです。

またＡＩＩＢの融資もコロナ禍で計画通りにはいかなくなったものの、今もきちんと動いているというのが実態です（https://www.nikkei.com/article/DGXZQOGM173IQ0X10C23A5000000/）。

二つ目は、西側・米欧・Ｇ７を中心とした先進国が、それ以外の国々（グローバルサウスなど）にアウトリーチするための有効な手段を欠いている中で、「南南協力」「途上国の連携」というロジックを背景に、一帯一路はそのネーミングを冠したハイリスク投融資・インフラ技術輸出・貿易支援・現地雇用創出・米ドル以外の現地通貨決済手段提供といった統合的な経済協力パッケージになっていることです。

一帯一路は、ＣＰＴＰＰ、ＩＰＥＦなどの単領域ではなく上述の複合領域パッケージであり、また米欧主導のフレームが「人権・民主的価値」を強く求めるもの（教条主義的なもの）であるのと対照的に、カネのつながり以外は求めないという基本姿勢があります。

この点で、汚職が多く統治システムが不安定な途上国（小国）や、先進国とは相いれない人権意識を持っており、何かといえば口を出されがちな国々にとって一帯一路フレームは選択しやすいものになります。

日本で考えると「アメリカか、中国か」「西側か、東側か」の二項対立のどちらかを選ばなければならないような認識になりがちですが、主要国以外の世界の国々は仮に一帯一路に参画していても、米欧主導のフレームに同時に参画することもあり得るため、「とりあえず一帯一路に参画しておく」という選択をしうるのです。

三つ目は、一帯一路の低調は、政治意図（内循環を主軸にした双循環）をもって消極投資になっているだけであって、また中国側の投資リスクの見極めが現実的なものになってきていることです。

一帯一路では、失敗の証拠として借金のカタに投資対象を巻き上げていくかのような中国の姿勢、いわゆる「債務の罠」が話題になりますが、中国側からみれば、単なる不良債権問題・焦げ付き案件になっているだけ、という事例も少なくありません。

むしろこれは「債権の罠」とでも呼ぶべきもので、中国側も両者合意の経済活動として行っている以上、担保を取らざるを得なかったのです。

仮に軍事的威圧などをもって相手国に無理やり契約を結ばせたのであれば、中国は問題、強権的であるなどと非難できるのですが、あくまでも両国（政権）の合意のもとで合法的に契約されたものであることは重要です。

たとえば小国が中国とリスクの高い契約をしなくて済むように、日本などが善意でもって介入し、当該途上国に別の提案をして政治的ダンピングして格安で慈善事業をやってあげられるなら割って入ることは可能かもしれません。

しかし我々日本人の血税は無限にあるわけではなく、ならば日本勢が商行為として堂々と参画して中国側企業との競争入札にて競り勝てばよいのですが、競争入札の総合的判断（コスパや、事業に付帯するオプション）も含めて中国を選んだのは当該国の判断だった、ともいえます。

となるとやはり「債務の罠」というのは極めてレッテルに近いものといえるでしょう（逆に対中ネガティブキャンペーンであることを自覚したうえで、我々日本側が「債務の罠」を国際社会に向けて叫び、宣伝戦によって中国のイメージを失墜させるという作戦はありえます）。

「債務焦げ付き」も何のその、中国の政治的熱意を侮るな

そのレッテル問題とは別に、「債権の罠」に苦しんだ中国側も投資審査が厳しくなり、徐々に適正なリスク範囲での投資に絞るようになってきています。アメリカ大統領選まっ

ただなかの2020年10月「五中全会（第19期中央委員会第五回全体会議）」とその半年ほど前から提示した「双循環」の宣言からは、対外経済政策（一帯一路だけではないが）について前向きな姿勢ではなく、むしろ意図的に対外投資を控え適正な範囲に抑える政治的な姿勢が垣間見えました。

「双循環」とは、内循環を主体とし、国内と国際の二つの循環が相互に絡み合いながら発展する戦略を指しますが、この「双循環」のメインターゲットは、アメリカで民主党が政権を担う4年間を見越して、その期間中に国内に長年蓄積した膿を出すこと、すなわち不動産業界規制（総量規制発動で、超巨大バブル崩壊ではなく、バブル崩壊程度に抑え込む）だったといえます。筆者は、これは2030年代の本格的な米中対立に備える準備期間開始宣言だったのだろう、と分析します。有利子負債10兆円超とも言われる巨大な負債を抱えデフォルト危機で日本のメディアでも話題になった中国不動産大手恒大集団ら、中国資本デベロッパーへの鉄槌は、改革開放路線が浸透した後に膨らんできた中国の不動産業界の不健全な商習慣や、典型的なバブル資産として登記が過熱しすぎた不動産を段階的に調整するために、いつかはやらねばならない課題として当局では把握されていたものと思われます。

「双循環」の大号令は、中国企業の対国内事業だけでなく、対外投資と対外事業縮小の波になりました。2020年以降の一帯一路における「羽振りの悪さ」も、実は企図された側面もあった（自然に投資熱が冷めたわけではなかった）ともいえます。つまり、大手国有銀行等に対外的な投融資案件を控えさせ、タフな政府間交渉も一気に手を引いたのだろう、というものです。国内で厳しい事業不振に見舞われた碧桂園という中国大手不動産デベロッパーは、国外でも致命的ダメージを受けました。総工費1000億ドルといわれるマレーシアのフォレストシティ計画を進めました。が、マレーシア政府からも中国政府からも別々の理由で規制を受け、さらに新型コロナの影響もあり、ゴーストタウン化しています。これは中国外で発生したことですので、企図された不動産バブル崩壊と一帯一路投資の手控えのダブルパンチを示す好例です。

最初の「双循環」提唱後、実際に2021年にバイデン政権が誕生し、トランプ政権のようなトリッキーなカードを切ってこないことが分かり、さらには新型コロナの流行で活動が減少せざるを得なかった時期を迎えて、習近平指導部は今だとばかりに「損切り」をより強く推し進めたという流れです。ただし、2024年現在においても物価の下落、デフレの傾向が続いており、必ずしも4年前に北京中央が企図した「短期間で」膿を出し切っておく、という結果にはなっていません。日本としては中国によるデフレの輸出に警戒するところです。２０２４年7月18日に公表された「三中全会（第20期中央委員会第三回全体会議）」コミュニケでも、弱い需要サイドを熱する施策が出せず供給サイドへの施策偏重でしたが、これも「習近平の個人的な好み」というより、アメリカからの厳しい先端、機微技術分野で規制を受けているので、当該先端分野（供給サイド）に投資をしなければならないという理由があります。その意味では、アメリカの対中エコノミックステートクラフトは、中国の経済政策を袋小路に閉じ込め、少なくとも中期的には成長を鈍化させることに成功しています。

中国は純粋に経済合理性だけで経済政策を行うわけではなく、内政統治と外交の影響を考慮するため、経済だけを見れば不合理とも思える政策を実施することがあります。

もちろん、中国としては中長期計算したうえでのことであっても、それがうまく着地できるかはまた別の問題ではあるのですが。

四つ目は、中国の政治的闘争意志です。政権が「永遠に続く」ことが前提として設定される中国では、党には無謬性があるという設定のため「党の完全失敗・領導の完全失敗」というワードは辞書にありません。党内の自己批判・他己批判はありますが。

米国や日本もそうですが、ＩＰＥＦが低調でも、ＩＭＥＣが頓挫《とんざ》しても、それは前政権が失敗したこと、として手仕舞いにします（できます）。これは民主的な政治体制の特徴であって、一貫性がないともいえますが、うまくいかないものは軌道修正が効くということでもあります。

ところが中国はそうはいきません、総書記が「やる。成功させる」といったものはたとえ前指導部の宣言であっても引き継いでいかねばなりません。それが、中国共産党が普通選挙なく国家を統治する正統性になります。

中国共産党はこうした「紅い十字架」を背負っていますので、その意味では、何が何でも一帯一路を成功させようとしますし、時には国益を毀損しようとも、大損を出すとしても、党益・党総書記のために成功させようとするでしょう。

我々はこの中国共産党の政治的熱量を侮ってはなりません。我々の物差しとは別の物差しで彼らは動いています。だから、一帯一路は、党最上級プロジェクトですので、やはり国益を毀損しようとも、何が何でも成功するまで何十年かかろうともやり続けようとするわけです。

このように考えれば、一帯一路は、実際に「すでに終わったフレームワーク」ではない、ないしは中国共産党が「もう実際には終わっている」ことを認めず採算度外視で継続するフレームなのです。

中国について考える際には、「どうせ中国だから」などと侮っている暇などなく、過大評価でもなく過小評価でもないリアルな対中脅威認識の醸成が必要です。

中国がにらむ「総体的国家安全観」の全世界的拡張とは

２０１４年以降、中国の習近平指導部は「総体的国家安全観」の重要性について繰り返し説いています。

〈国家安全政策は、党の治国執政の重要な政策であり、国家の安泰・人民の安寧《あんねい》を保障する重要な政策でもある。

新時代の国家安全政策をしっかり行うには、国家安全観の総体を堅持し、わが国の発展の重要な戦略的チャンスの時期をしっかり掴みうまく用いて、国家安全を党・国家の活動の各方面・全プロセスに貫徹させ、経済社会の発展と一緒に計画し、一緒に手配し、システムの概念を堅持し、大きな安全の枠組を構築して、国際安全と世界平和を促進し、社会主義現代化国家建設のために堅固な保障を提供しなければならない〉

（2020年12月、党中央政治局集団学習会における習近平講話より）

具体的には、次のようなものだと指摘されています。

（1）国家安全政策への党の絶対的指導を堅持しなければならない

国家安全政策への党中央の集中・統一的指導を堅持し、統一・協調を強化し、党の指導を国家安全政策の各方面・全プロセスに貫徹し、各レベル党委員会（党組）は国家安全責任制の実施・実現を推進しなければならない。

（2）中国の特色ある国家安全の道を堅持しなければならない

国家安全観の総体を貫徹し、政治の安全・人民の安全・国家の利益を至上として有機的に統一し、人民の安全を宗旨とし、政治の安全を根本とし、経済の安全を基礎として、国家主権と領土の完全性を守り抜き、重大安全リスクを防止・解消し、中華民族の偉大な復興の実現のために、堅固な安全保障を提供しなければならない。

（3）人民の安全を宗旨とすることを堅持しなければならない

国家の安全はすべて人民のためであり、すべて人民に依拠しており、広範な人民大衆の積極性・主動性・創造性を十分発揮させ、広範な人民大衆の安全・権益を確実に擁護し、常に人民を国家安全の基礎的パワーとして、国家安全擁護の強大なパワーを凝集しなければならない。

（4）発展と安全の統一を堅持しなければならない

発展と安全を併せて重んじることを堅持し、質の高い発展とハイレベルな安全の良性の相互作用を実現し、発展を通じて国家安全の実力を高めるのみならず、国家安全の考え方・体制・手段の刷新を深く推進し、経済社会の発展に有益な安全環境を作り上げ、発展の中で更に多く安全要因を考慮し、発展と安全の動態的バランスの実現に努力し、国家安全政策の能力・水準を全面的に高めなければならない。

（5）政治の安全を最重要と位置づけることを堅持しなければならない

政権の安全と制度の安全を擁護し、各方面の政策を更に積極・主動的にしっかり行わなければならない。

（6）各分野の安全を統一的に推進することを堅持しなければならない

伝統的安全と非伝統的安全に統一的に対応し、国家安全政策の協調メカニズムの作用を発揮させ、国家安全政策の道具箱をうまく用いなければならない。

（7）国家安全リスクの防止・解消を際立てて位置づけることを堅持しなければならない

リスクの予見・予想判断能力を高め、やってくる可能性のある重大リスクの隠れた発生要因を、萌芽状態で発見・処理するよう努力しなければならない。

（8）国際的な共同安全の推進を堅持しなければならない

「協力・イノベーション・法治・ウインウイン」の旗印を高く掲げ「共同・総合・協力・持続可能」というグローバルな安全観の樹立を推進し、国際安全協力を強化し、グローバルな安全ガバナンスシステムを整備し、遍《あまね》く安全な人類運命共同体を共同で構築しなければならない。

（9）国家安全のシステム・能力の現代化推進を堅持しなければならない

改革・イノベーションを動力とし、法治思考を強化し、「システムが完備し、科学的・規範的で、運営が有効な」国家安全の制度体系を構築し、科学技術を運用して国家安全を擁護する能力を高め、国家の安全態勢を築き上げる能力を不断に増強しなければならない。

（10）国家安全の幹部陣容の建設強化を堅持しなければならない

国家安全戦線での党の建設を強化し、政治建設で統率することを堅持し、堅固で粉砕できない国家安全の幹部の陣容を作り上げなければならない。

（ＪＥＴＲＯ新領域研究センター・２０２０年12月17日付レポートより）

つまり、「総体的国家安全観」とは政治の安全、特に共産党による政治体制を基本とし、経済の安全を保障することで統治の正統性を保っていくもの、と読み取れます。

中国共産党が描く「宇宙統治体制」の青写真

こうした中国共産党・北京中央を核心とした中華人民共和国統治のメカニズムは、外側に向かって拡張余地もあるといえるでしょう。

北京中央を頂上とした全地球影響力ガバナンスの確立、ひいては宇宙ガバナンスへのチャレンジといったイデオロギーです。他国や他勢力に影響されない中国共産党の宇宙統治体制という壮大な青写真こそが目指すところ、というわけです。

このイデオロギーの対外的な統合表現が「人類運命共同体」であり、それを実現するための外交ダイアログ上の具体策がグローバル発展イニシアチブ、グローバル安全保障イニシアチブ、グローバル文明イニシアチブとして、中国と各国首脳との二国間共同外交ステートメントで近年は頻繁に語られます。

具体的には外交相手国との首脳会談において、3つのグローバルイニシアチブへの支持を求め、公式に支持を得たことが頻繁に喧伝されています。

これらのイニシアチブという概念は、形式的には内政相互不干渉を基軸にイニシアチブ支持国で連携して国際社会世論を形成することが謳われているものの、やはり提唱者の中国（中共）が国際社会の価値観をも主導していくという考え方そのものであり、言い換えれば中国側にとって不都合な事象は抑え込むという「ジャイアニズム」な意識が滲み出ています。

米国を筆頭にG7を中心とした既得権益国らへのカウンター価値観でもあります。そして、この概念を源流とした経済安全保障文脈に立ち返れば、中国側が勝手に「不愉快に感じる」相手国に対して、経済を武器にして自らの言い分を飲ませる「エコノミック・ステイトクラフト」の手法を用いる可能性は常に高いとみるべきでしょう。

中国から合理的理由なく気分次第でエコノミック・ステイトクラフトを発動された国にとっては不条理でしかありません。

アメリカは「半導体規制」で中国の成長鈍化を狙う

ここからは、各国が中国に対してどのように対峙しているのか、それぞれ見ていきましょう。まずはディフェンディングチャンピオンとしてチャレンジャー・中国を迎え撃つアメリカです。

繰り返しになりますが、アメリカの対中警戒感はトランプ政権下の2018年から一気に高まり、攻勢を強めるアメリカと、それに対抗する中国の姿勢が「米中貿易摩擦」「米中関税戦争」「米中新冷戦」という言葉を生み出しました。

経済規模や軍事力はもとより、技術的優位性でも世界のトップランナーだったアメリカを中国が猛追している現状を警戒し、中国の技術発展を少しでも遅らせ、追いつかれるのを何とかかわしたい構えです。

アメリカは1980年代には、敗戦国である日本とドイツの急速な経済成長と技術発展を警戒し、規制をかけたり、貿易摩擦を理由に外交的圧力をかけるなどして日独の成長を鈍化させようとしました。とは言え、日独はアメリカと同盟関係にある国で、それはあくまでも「同じ側にいる者同士の競争関係」でした。

また米ソ冷戦において両国はミサイル開発などを競い合い、互いの技術発展が即、軍事的優位性につながることから、ソ連など東側に対する厳しい輸出規制をかけてきました。ソ連崩壊後は中東が輸出規制の対象となり、さらには非国家組織であるテロリストへの武器などの拡散を防ぐべく（特に大量破壊兵器の不拡散）、やはり管理を強化してきた経緯があります。

オバマ政権時にこうした規制は、「アメリカのハイテク製品の輸出が制限されており、経済面で国益が損なわれている」という視点から、一時緩和されることになりましたが、その後は前述の通り、トランプ政権下で「外国投資リスク審査現代化法」（ＦＩＲＲＭＡ）や「輸出管理改革法（ＥＣＲＡ）」が「国防権限法2019」に盛り込まれる形で成立。

さらには商務省管轄の「エンティティリスト」にファーウェイやＺＴＥをはじめとする中国企業や、中国政府組織などを追加。「エンティティリスト」とはアメリカの安全保障や外交政策の利益に反する個人や企業、機関をリストアップし、規制対象とするものです。また、米連邦通信委員会も公式にファーウェイ、ZTE、監視カメラメーカーのハイクビジョンなどを「米国の安全保障上の脅威」と認定。これにより、いよいよアメリカの対中輸出規制体制が強化されることになりました。

こうした法案を支える背景になっているのが2017年12月に発表された「米国国家安全保障戦略」で、中国、北朝鮮、ロシアなどをテロリストと並ぶ「アメリカの国益や価値観と対極にある修正主義勢力」とし、対抗すべき相手であると名指ししています。

アメリカは経済安全保障によって「自国がさらに豊かになる」ことを国家戦略に掲げました（トランプ政権時の「国家安全保障戦略」第2章「アメリカの繁栄の推進」）。その中で、繁栄を実現するために必要なものとして、国内経済活性化、自由なルールを共有できる国際関係、イノベーション、知財保護、エネルギー支配の5つを挙げています。

また、中国に対する外交姿勢も「関与政策」から「現状変更勢力である中国との競争政策」へ転換するとしています（2020年5月に公表した「中国に対する米国の戦略的アプローチ」（United States Strategic Approach to the People's Republic of China）。

ここまでにも触れましたが、こうしたトランプ政権の対中政策はバイデン政権にも受け継がれています。バイデン政権発足前は「親中派では」との懸念を指摘する議論もありましたが、始まってみれば部分的にはトランプ政権よりも強硬ともいえる対中政策を取っています。

その象徴が半導体規制で、バイデン政権下の2022年10月7日に公表した対中半導体輸出規制は、国内外にかなりのインパクトをもたらしました。

中国を抑えつつ自国を成長させる「至難の業」に挑む

さらに2024年4月には、中国バイトダンスが開発し、同社に関連する米国内事業主体が運営提供する動画配信サービスアプリＴｉｋＴｏｋを1年以内に事業売却できなかった場合、米国内でのＴｉｋＴｏｋ利用を禁止する項目を含む法案に署名してもいます。これはＴｉｋＴｏｋが中国発のアプリで、現在でもユーザー自身とユーザー投稿から得た情報収集や管理に中国当局介入疑念があるにもかかわらず、全米で使われる人気アプリとなったことで国家の安全保障に問題が生じるとみてのアメリカ政府の対応です。

原則的に現在の米国の経済安全保障政策は、「スモールヤード・ハイフェンス」ルールに従っています。小さな庭（スモールヤード）に高い柵（ハイフェンス）を設ける、という名前が表す通り、あらゆる技術や産業を対象とするのではなく、特定の機微技術分野（半導体含むハイテク技術など）に限って、流出を防ぐための強い手段を講じる、というものです。

また米国側が輸入する品目については、先端技術を使った製品でないコモディティ化した製品は経済安全保障の対象外ですから、米国も中国からの輸入を継続して受け入れています。しかし、ソーラーパネルなど先端技術とは言えないものの、中国が圧倒的な世界シェアを持っているものに関しては警戒を強めています。

かといって、規模の経済性が効くソーラーパネルなどを仮に今から米国内や中国外で生産しても、中国製品に対して圧倒的にコスト構造が劣ることになります。この問題は米国だけでなく全世界で、中国に「否定の力」をさらに持たせてしまった件として厳しい現実になっています。

現在のところ2024年の米大統領選の行方は分かりませんが、民主党・共和党のどちらの候補が大統領に就任しても、アメリカの対中姿勢が融和的になることはしばらくなさそうです。

中国と競争しながら、自国の経済を繁栄させていく。それによって、国際社会における「民主主義陣営」に加わる国家を増やしたい。「民主主義陣営に加わった方が、あなたの国も繁栄しますよ」と証明する必要がある。アメリカは経済安全保障を、日本よりもさらに上位の視点、国際秩序を見据えた国家戦略からとらえています。

自国の経済成長を実現しながら、中国の発展を鈍化させるというアメリカの経済安全保障の目的を達成するのは、これだけヒト・モノ・カネの流通が入り組んだ中では、まさに至難の業です。

EUは米中と「是々非々」で付き合いながら自律性保持を目指す

欧州、あるいはEUといっても、対米ないしは対中の姿勢は一枚岩ではありません。ただし各国とも国家安全保障戦略の中で、経済も含む自国の安全と発展を重視しており、EUとして結束すべきところは結束し、足並みやルールをそろえることで米中やその他の国や地域の中で存在感や自律性を保とうとしています。

欧州内の経済主要国については、米国とはNATOとしての安全保障上の連帯や様々な国際的協調もあり、歴史的に距離が近いものですが、中国との距離感はバラバラです。

言い換えれば、中国側は、各国との異なった距離感を巧みに利用して、欧州内の足並みを崩し、離間工作を展開し、二国間交流をもって自国に有利な交渉に持ち込もうとするのが定石となっています。

EUから離脱したイギリスは、EU志向だったリソースをEU以外に展開し始めました。軍事安全保障面でも米豪、そして日本と足並みをそろえ、対中圧力を増しており、経済安全保障の面でも対中警戒を強めています。

2021年2月には、「イギリスの約200人の大学研究者が、無自覚に中国の大量破壊兵器の製造に加担したことがある」とのニュースを日刊紙『タイムズ』が報じました。また、逆にイギリスで学んだ中国人学生や留学生のうち、約900人余りが人民解放軍とのつながりを持ったまま、イギリスの高等教育機関で先端技術の研究に携わっていたことも分かっています。

ドイツは対中貿易依存度が高く、メルケル政権時代には外交的にも距離が近くなっていましたが、近年の中国における人権問題の指摘などもあり、対中依存度を下げるよう指摘する声も出始めています。

しかしまだまだ依存度は高く、特に車の輸出、スマートフォン（携帯電話）の輸入に関しては中国を相手としたものが高い割合を占めています。ドイツへの世論調査では、「経済的なコストが生じたとしてもドイツは人権問題を優先するべきか」という問いについて、約45％が「人権問題を優先すべき」と答えている現状があります（https://www.mof.go.jp/public_relations/finance/202202/202202j.html）。

また安全保障上の脅威も高まりつつあり、２０２０年には、ドイツ政府が中国航天科工集団（ＣＡＳＩＣ）の子会社によるドイツの衛星・レーダー関連技術企業・ＩＭＳＴの買収を、国家安全保障上の懸念から阻止した事例もありました。

ファーウェイ機器が圧倒的なシェアを持っていたフランスでは、近年になってファーウェイをアメリカ同様に「ブラックリスト企業」に入れており、中国側の言う「中国当局がファーウェイ機器から情報を盗むよう命じることはない」という言い分を信用していません。

また、対中警戒心が強まる中で、フランス政府はファーウェイによる５Ｇ参入を阻んでいるものの、一方でファーウェイも財界、学界の要人に対する働きかけや工場新設による雇用創出を盾に、フランスの拠点を残しつつ、失地回復の動きを見せています。

また、フランスの原子炉メーカーは中国への進出時に義務付けられていた「技術移転」により、進出から40年あまりで民生用原子力の開発過程や技術のほとんどを「移転」させられてしまい、新製品の販売はもちろん、研究、技術においてもフランスが中国の後塵を拝す状態になったとの指摘もあります。

イタリアはG7の国として最も早く、そして唯一の「一帯一路」覚書協定締結国でしたが、対中警戒色を強めるジョルジャ・メローニ政権になって2023年12月には「一帯一路」からの離脱を中国側に通告しました。

一方で、フランスやイタリア、パキスタンなどは、2024年6月、月の裏側からサンプルリターンしたことで話題となった中国の「嫦娥6号」のベイロード協力プロジェクトに参加しています。

これは中国への警戒感が欧州において今ほどは高まっていなかった2019年から中国国家航天局が呼びかけていたものであり、科学技術発展という名目でしたので、経済安全保障の枠組み（グルーピング）とは一致しないものの、米国主導で月面着陸をする「アルテミス計画」と並んで、「嫦娥計画」はしのぎを削る宇宙開発競争での対立的グルーピングにもなっています。

日米などの宇宙開発先進国は「アルテミス計画」グループ主流派であり、「嫦娥計画」には参加しないスタンスですが、フランスやイタリア、欧州宇宙機関はそうではなかった、というのは欧州勢の米国や中国との距離感についての補足情報として頭にとどめておいてもよいでしょう。

「EV産業保護」を盾に中国と熾烈なパイ争奪戦

EUとしてのまとまった取り組みの一例が2021年3月に発表された「デジタル・コンパス」計画です。域内対内的な効率性を高める施策ですので、各国の反発も少なくまとめることができたということでもあります。

計画では、①デジタルリテラシーの向上と高度デジタル人材の育成、②安全・高性能・持続可能なデジタルインフラの整備、③ビジネスのデジタル技術活用、④公的サービスのデジタル化の4つを掲げ、それぞれに具体的な数値目標を設定しています。

これは「コロナ禍を経て、デジタル化への対応が急務となったことが一つのきっかけになったと報じられていますが、こうした目標を達成すべく予算を割き、ＥＵ域内のデジタル産業を振興することで外からのリスクに対する体制を備えることも可能です。米中と異なり、社会のデジタル化を推進する国内唯一無二で国際競争力もあるテック企業が圧倒的に少ないＥＵにとって、政策的なデジタル化推進は必須でしょう。自国内のテック企業プレーヤーが脆弱な日本にも同じような状況があります。

また、まさに経済安全保障ど真ん中と呼べるのがＥＶのパイ食い競争です。中国のＥＶに関する「巨額な不正補助金」を錦《にしき》の御旗《みはた》にした対中強硬圧力で、ＥＵはひとまずまとまることができました。ＥＵ域内のＥＶ産業、雇用を守るという共通の利益があるからです。

本件はアメリカの方向性とも一致しますが、アメリカよりは関税率を比較しても弱いトーンになっています。中国側企業は自国内生産していたものを、ＥＵ域内の国ごとの情勢を鑑みて、価格範囲ごとに適正な対象国を選んで、生産拠点を作る直接投資を進めています。

中国ＥＶメーカーは、輸出制限をかけられるならば、利益率は減少してもＥＵ域内で生産しＥＵの雇用を創出しつつ、中国資本としてそれなりに持続可能な利益をあげるほうに舵を切り始めました。

中国政府当局にとっては面白くない結果であるとは思いますが、欧州と中国でEVシフトを仕掛け育て上げたパイを、分け合って食べる段階に入ったといったところでしょうか。中国資本のEU域内製造（＋ASEAN域内製造）のEVが途上国市場に入っていく、という事例が増える可能性もあります。

EUにおいて経済安全保障的な動きが対中で発動されていますが、今後、対米やその他の国に対しても、EUとしてまとまり、米中に並ぶ強力な疑似超大国として経済安全保障の施策を展開することが増えてくるのかもしれません。鍵となるのは欧州議会自体の位置づけとその内部パワーバランスであり、欧州議会選挙などへの注目が高まっています。

親中から反中へ、さらに展開するオーストラリア

オーストラリアはもともと非常に親中的な国でしたが、近年、政策を転換し、中国への警戒を強めたことで豪中関係は悪化していました。そのきっかけはまさに経済安全保障の

問題が中心でした。

在豪華人も多く、政財界に中国系住民たちが浸透しているオーストラリアでは、2005年頃から自由貿易協定交渉が進められ、中国からの幅広い投資を受け入れるとともに、資源国であるオーストラリアも多くの石炭などを中国に輸出してきました。そのため、オーストラリアの貿易における対中依存度は年々高まる傾向にありました。

さらにはオーストラリアの基幹インフラである電力会社やエネルギー分野における中国からの投資比率や、中国系企業による買収が増加。

特に電力会社に関しては、豪ビクトリア州の5つの電力供給会社をおさえ、南豪の送電会社の一部を中国国営企業の「国家電網公司」が運営するに至りました。それ以外の電力会社を所有するのも、香港企業「長江基建」と、中国資本に電力をほぼ握られる格好になりました。

また2015年にはダーウィン港の99年の租借権が中国企業・嵐橋集団（ランドブリッジ社）に売却されるなど、目に見えた「浸透」が警戒されるようになりました。

さらには豪国会議員に対する大規模な汚職事件が発覚。これにより、在豪華人がオーストラリアの政財界に深く浸透していることが改めて注目されました。

こうしたことがきっかけとなり、オーストラリア社会に、いかに中国当局の意図に基づく「親中的な政策の推進」や「親中的世論の形成」が行われてきたか、チャールズ・スタート大学教授のクライブ・ハミルトン教授が『サイレントインベーション』（邦訳『目に見えぬ侵略』、飛鳥新社）により明らかにすると大きな話題となり、オーストラリアの対中姿勢は一変することになりました。

オーストラリアの歴代政権は対中融和的であることが多く、特にボブ・ホーク政権、ケビン・ラッド政権、マルコム・ターンブル政権はその傾向が強く、中国の浸透も勢いを増していましたが、ターンブル政権は途中で対中姿勢を転換しました。「対中貿易で利益を上げることよりも、国家の安全保障を最優先すべき」との方針を掲げ、2016年に外国投資審査委員会を強化し、中枢インフラセンターを新設。基幹インフラに相当する電力、水道、港湾関係などの施設に対する外資規制を強化しました。

2018年にスコット・モリソン政権になってからは対中強硬姿勢を強め、安全保障面においてもQuadの枠組みに積極的に参加、さらには米英との安全保障枠組みである「AUKUS」を創設するなど、経済・安全保障両面での中国対策を強化しています。

2022年には政権交代があり、オーストラリア労働党のアンソニー・アルバニージ首相が就任しました。労働党は先に挙げた歴代「親中政権」時の与党ですが、アルバニージ首相は就任早々、来日して「Ｑｕａｄ」会合に参加したほか、記者会見でも「中国との関係は困難なものだ」「変わったのは中国の方であり、我々は自らの信じる価値観を守るべきだ」と発言。オーストラリアの対中姿勢は、当面厳しいままとなることが想定されていました。

ところが、２０２３年９月ＡＳＥＡＮ首脳会談時に、アルバニージ首相が中国の李強《りきょう》首相との非公式会談で年内に訪中する意向を伝えたことが報じられました。実際にそれは実現し、同年11月の中国輸入博では両首相が笑顔で握手する様子が伝えられます。豪首相の訪中は７年ぶりのことでした。

中国側は、過去数年にわたる米国から貿易関係希薄化に向けて二国間経済関係の再構築をされることに反発しており、そんな中で、中国の対外経済開放をアピールする場と位置づけられる中国輸入博の開幕式に、米国と距離が近くファイブアイズ（米英加豪ＮＺ五カ国による越境インテリジェンス共有枠組）の一角を担う豪州の首相がにこやかにやってきたことを喧伝できたことは、対米牽制の意味でも嬉しかったことでしょう。

中国側がエコノミック・ステイトクラフトを発動し豪州産ワイン輸入規制をかけた際には、ＳＮＳで豪州産ワインを買ってオーストラリアを応援しようというキャンペーンまで賑わったものですが、あれを応援した私たちは何だったのか、と思うほどです。安全保障では中豪関係は引き続き厳しいものですが、経済面では一気に雪解けに転じ、アルバニージ首相は訪中の際に習近平国家主席との首脳会談も実現させています。

台湾は半導体を武器に「戦略的不可欠性」を実現する

台湾は中国との間に「両岸関係」と言われる複雑な歴史的・政治的背景を持ちながら、他方では双方にルーツのある人たちも多いことから、経済的な結びつきと安全保障の間のバランスや、大陸との距離を取ることに注意を払わざるを得ません。

2008年に国民党の馬英九《ばえいきゅう》氏が台湾総統に就任すると、台中関係の深化が図られ、中国（大陸）からは観光客が多数、台湾を訪れるようになりました。また台湾からの対中投資、台湾企業の大陸進出も増加。2015年には台湾を訪れる中国人観光客が年間418万人に達するなど、馬英九政権下の8年間で、台中経済関係は成長しました。

もちろん、中国側には台湾を経済面から取り込み、政治的にも影響力を増そうという思惑も見え隠れしていました。

経済面から「台中関係」が緊密化していった一方、台湾では中国に対する警戒感も高まりました。

馬英九総統就任直後には、台中首脳会談に反対するデモへの過剰な取り締まりに反発した学生たちがのちに「野いちご運動」と呼ばれた座り込み行動を取り、2014年には中国との間で締結が進められていた「サービス貿易協定」への反対から、学生たちがのちに「ひまわり運動」と呼ばれる立法院議場の占拠を行い、馬英九総統の支持率は低下。台湾の学生たちに対し、日本からも支援物資が送られるなど大きな話題となりました。

その後、2016年の総統選挙に「独立派」とも言われる民進党の蔡英文《さいえいぶん》が立候補し、総統に選出されると、中国側は台湾への観光客を制限し、台湾に圧力をかける手段に出ました。これは「観光」という経済的圧力をかけることによって、台湾の政治・外交姿勢に変化をもたらそうとするエコノミック・ステイトクラフトの実例です。

中国側の観光客の出し入れは自由自在で「水道の蛇口」にも例えられるほどです。中国当局の意図によって、多くの観光客を送ったり、あるいは急に止めたりすることで、中国の経済的影響力の大きさを操作しようとしてきました。

実際、台湾への中国人観光客数は2016年以降、最盛期の3分の2まで減少。しかし、これによって台湾の世論が「中国に融和的でなければ経済が立ち行かない」という方向へ変わることはなく、中国の「攻勢」によって政治的目的を達成することは難しかったといえます。

その理由として、台湾政府の施策が挙げられます。中国以外の国から観光客の受け入れを増やし、中国人観光客の減少によって被る損失をカバーしようと模索しました。

もう一つは、中国側から中国人観光客を送り出す国営系の旅行会社から、受け入れる側の台湾の旅行会社への「観光客受け入れ要請」が強硬すぎたために、地元の旅行業者の反発を招き、「それなら別の国からの観光客を増やした方がいい」と、中国以外を対象にした観光政策を促進することになったためです。

また2020年の総統選挙では直前の香港デモが台湾世論に大きな影響を与え、蔡英文が再度、総統に選出されることになりました。これは2019年から2020年にかけて起きた香港での反中デモとそれに対する強権的な取り締まりが、台湾にも影響を及ぼし、対中融和ではなく対中強硬政策を打ち出す蔡英文が支持される結果につながりました。

また2024年1月に行われた総統選挙では、中国側がやはり独立派とみなす民進党の頼清徳《らいせいとく》が当選し、台湾は今後もアメリカや日本との連携を深めていくものとみられます。

中国は台湾に対して様々なエコノミック・ステイトクラフトを仕掛けていますが、常に中国の思うような影響を及ぼせているわけではありません。中国は2021年3月、台湾産のパイナップル禁輸を通達。「害虫対策」の名目でしたが、実際には蔡英文政権への揺さぶりではないかとみられました。

そこで台湾は日本に向けて、蔡英文自らSNSで「中国が台湾のパイナップルの輸入を禁じました！　日本の皆さん、台湾パイナップルを買ってください」とアピール。日本が大量に輸入したことで、中国の「エコノミック・ステイトクラフト」は失敗に終わりました。このように、中国の対台外交はむしろ台湾の対中警戒感を一層高め、さらには国際社会からの台湾への同情や支援を集める結果になるなど、逆効果になったともいえます。

ただし、中国側としては、一つひとつの威圧的アクションが短期的にうまくいかなかったとしても、国際社会に向けて「台湾でのビジネスは、安全保障上も、経済安全保障上もリスクが高い」と喧伝するという成果を得ているとはいえます。

リスク回避を念頭に、台湾との貿易や台湾への直接投資が減り、台湾産業経済が長期的に没落すれば、台湾社会が中国との経済関係深化を求めるだろうと計算しています。

実際に、2024年台湾総統選と同時に行われた立法院選挙では、民進党と相対的に比較すれば、中国との経済連携再深化を主張する国民党が第一党のポジションを得ました。

また、台湾の半導体ファウンドリービジネスモデルは、国策が後押しした成功例として注目されました。台湾は1970年代の国策によって生まれた半導体企業TSMCを擁し、日米が経済安全保障で戦略的物資の確保に走る中で、その存在感を増しています。今や米国も中国もTSMCなくしては自国の半導体供給が滞るのです。

これは、自民党「提言」の中で日本が目指すべきとしている「戦略的不可欠性」、つまり「その国がなければ世界が立ち行かない」を体現するものであり、それによって米国の対台湾積極的関与を引き出し、間接的に中国からの圧力を退けるパワーを得ています。

台湾の戦略的先見性が垣間見えるとともに、日本の「遅れ」を考えるうえでも、台湾の事例は参考になるでしょう。

ただしアメリカ共和党次期大統領候補のトランプが「台湾が半導体産業の100%をアメリカから奪った」などと発言し始めたことには注意が必要です。大統領選の結果によらず、アメリカ内での一部保守勢力による対台湾認識を示すものだからです。

南南協力、インフラ投資……アフリカは中国から離れられない

中国が推進する「一帯一路」構想には入っていませんが、「チャイナアフリカ協力フォーラム」という枠組みに実に53カ国が参画しているアフリカは、中国の経済的・政治的プレゼンスが最も浸透している地域です。

中国の商務部によれば2001年には108億ドルだった中国−アフリカ間の貿易額は、2020年には4000億ドルにまで急成長しているといいます。

また「一帯一路」構想内のインフラ投資の対象としてアフリカは中核をなしており、道路や港湾をはじめ様々なインフラの整備が手がけられましたが、同時にアフリカ各国は中国に対して多額の債務を背負うことになりました。「インフラ投資」の名のもとにアフリカが中国によって借金漬けとなっている状態に対し、アフリカからも懸念の声が出始めています。

その有り様は「ほとんど植民地支配時代の延長」とまで言われることもあるほどで、返済不能に陥った一部の国は港湾や資源を中国に収奪されざるを得ない状況に陥っています。

国際機関もこうした状況に懸念を示し、IMFは2018年、アフリカ各国の首脳に対して注意を呼びかけましたが、中国はこれに反発。一般に「債務の罠」と言われるこうした投資と収奪の関係に対して「中国はアフリカを同等のパートナーとして尊重している。かつてアフリカを本当に収奪した西洋諸国の政策とは違う」と抗弁しています。また、前述の通り、中国側は「一帯一路」初期の頃の杜撰《ずさん》な投資が仇《あだ》となって、投資回収できない「債権の罠」に陥っている事例が少なくないことも留意しておく必要があります。

一方で、こうした中国の姿勢を肯定的に受け止める向きもあり、成功例の一つとして挙げられるのがアンゴラです。

中国のアンゴラに対する大型の借款は、対価が石油によって支払われており、道路やサッカースタジアムなど、大型のインフラ整備が行われています。

しかし現地での建設作業を中国企業が受注した場合、中国から中国人労働者がやって来るのが常で、これも「現地人を使うより効率的なので批判されるべきではない」という肯定論や「地元の雇用拡大に一切貢献しない」という否定論が飛び交う状況になっています。

こうした投資の背景には、国連などでの決議が行われる際、経済的な関係性を理由に中国に同調するよう迫ることにもつながっているとの指摘があります。実際、2022年、ロシアのウクライナ侵攻を受けて国連は対ロシア非難決議を採択しましたが、中国と同様、棄権した35カ国のうちの多くをアフリカ諸国が占めています。

経済力ではなく、超大国アメリカであってもアフリカの小国であっても一票である民主的なシステム上は仕方ありません。中国による国連ハッキングともいえます。

全体的に見ると「中国がアフリカで行っているのは支援に名を借りた収奪だ」という指摘も多くあり、また現地で中国人労働者と地元の労働者が衝突する事態も起きているのが実態ですが、一方でアフリカ各国が中国の支援を断ち切れるかというとそう簡単ではありません。そこには賄賂や談合など汚職の影が付きまとっていますが、中国以外にそれほどの投資ができる国が米欧先進国側にないことも理由の一つといえそうです。

また、アメリカ国務省は２０２３年、中国がアフリカのケーブルテレビのサービスプロバイダを管理することで、欧米のニュースチャンネルを視聴不可能にしている事例があると指摘しています。

メディアの買収も盛んに行っている中国の影響力が、アフリカ地域でどの程度広がっているのかを把握するのは困難ですが、「把握できないほど広がっている」とみるべきでしょう。

「グローバルサウス」より大事な「南南協力」

その直近の一例として、2024年のG7イタリア・プーリアサミットの「裏番組」として行われた南南協力（グローバルサウス盟主化概念に近いもの）を念頭にした習近平の「UNCTADオンライン演説」と、李強首相のニュージーランド・オーストラリア・マレーシアへの物理的外遊が挙げられます。

中国は2023年のG7広島サミットの際にも「中国中央アジア（五カ国）サミット」という手堅い一手を打っていましたが、2024年の一手も渋いながらに有効なものと言えそうです。

元より中国はG7に対して「G1+6」というレッテルを貼り、「G7は米帝主導の金持ちグループ」と断じてきました。西側先進国特有の意識高い系の既得権益ブルジョワジー、帝国主義の米国にひっぱられるその他の6カ国や欧州連合である、と批判したうえで、G7のアウトリーチ（G7以外の国々、主に途上国へ）のプレゼンスは低下していると彼らのプロパガンダメディアは解説しています。

一方で、習近平率いる中国は、何十年も現実的に連携してきた「南南協力」において、実質的な途上国連帯を目指しその盟主たる存在である、とも宣言しています。この「南南協力」は昨今、急速にバズワード化した「グローバルサウス（インドやインドネシア、トルコ、南アフリカといった南半球に多いアジアやアフリカなどの新興国・途上国の総称）」とは全く別のものです。「グローバルサウス」はあくまでも北半球の先進国から見た新興国を指し、その視点から南半球の国々のポテンシャルや存在感に注目するものですが、「南南協力」は開発途上国間での協力を示す言葉で、特に中国が主導してきたものです。「一帯一路」構想後は、特にインフラ開発による鉄道・道路・港湾が整備が行われてきました。

G7イタリアサミット（プーリアサミット）の集合写真

　支援を受ける側からすれば、人権や政権・政治の腐敗、透明性などの「意識高い」価値観を求めてこない中国との付き合いは、そうしたものを時に強要する西側先進国からの支援よりも「付き合いやすい」面があります。

一方、中国のプロパガンダメディアや政府発表の内容をまとめて俯瞰《ふかん》すれば、習近平自身は直接的にそれを語らないものの、UNCTAD演説は、「中国は対米・対既得権益先進国として、プロレタリアート連帯的なイデオロギー戦を仕掛けており、その連帯した途上国利益を代弁するのは自身である」という話になってきます。「G77プラス中国」のフレームは、まさにその体現の場になっています。

中国は、アメリカを細かく観察し、頻繁に「裏番組」を発信しています。2024年7月24日アメリカ上下両院合同会議にて、イスラム組織ハマスと交戦するイスラエルのネタニヤフ首相が支援を求めて演説しましたが、その「裏番組」として中国は同月21日から23日にかけて、北京でパレスチナ内勢力の和解協議（ハマスやファハタを含む14勢力）を主導。「分裂終結とパレスチナ民族団結の強化に関する北京宣言」という和解合意発表を行いました。

UNCTAD（国連貿易開発会議）60周年記念式典に習近平のビデオメッセージ　© 新華社／アフロ

今後の紛争解決仲介はともかく、中国はアメリカの「裏番組」を好んで制作します。中国は現在の国際秩序を前提に、どこに影響力拡大の余地があるかを見極めて行動しているといえるでしょう。

米中対立に鋭く食い込む！インドが確立する三体問題

２０２４年、中国の人口を超え14億人オーバーの世界最大の国民を抱えることになったインド。ＧＤＰについても、為替換算によって若干の変動はあるものの、圧倒的な第一グループである米中に続いて第三位から第五位の間の第二順位グループに食い込んできています。

年齢中間値はまだ20代のこの「若い国」（日本は48歳！）は、人口ボーナス期を迎えて高い成長率を維持しています。軍事費は今世紀に入ってから対ＧＤＰ比で２・５から３％を確保、数年前から２％近傍、２０２４年度予算では２％を割り込みましたが、米中（露）に続き、現状でさえ世界で第三位ないしは第四位の軍事大国であります。急速な経済成長によってさらに軍事費総額は大きく増えていくでしょう。

歴史的に対立を深めてきたパキスタンや国内テロとの闘いを念頭にインテリジェンス当局（RAW＝調査分析局）もすこぶる元気で、核保有国でもあります。どこをどう切り取っても成長余剰が大きいのです。

もちろん、米欧諸国が批判するように数々の人権問題やヒンドゥーナショナリズムやカースト制の将来内在課題、内政腐敗問題などを抱えていますが、米中と並ぶ超大国入りするゴールデンチケットをすでに持っているのがインドであるといえるでしょう。

日本では、「超大国」に手をかけたインドというイメージが薄いため、まだまだ遠い途上国といった扱いをメディアでされることが多いものですが、数字から見ても全くそれは間違った認識でしょう。またインドは「親日」といったイメージも多いものの、それも鵜呑みにすると、誤解を生じやすいものです。

米国が対中対立を深める中で、敵の敵は味方論に基づいてインドを味方につけようとする動きが目立ちます。そうした米中対立の文脈と宣伝戦の影響を受けた日本としては、インド＝良い国、と漠然と考えられてしまっているようですが、実際には、日本とインドの関係性は未定義であるといえます。

現在の日本ではあくまでも中国＝ヒール役、チャイナ・ファクターがあってこその、日印友好が全面に押し出されている気配があります。日本側はインドの本質を見極めて、早急に日本と、ニューカマー超大国インドの関係性定義をしなければならないタイミングになってきています。

インドの経済安全保障もまた、中国との間で分かりやすく顕在化しています。

現在三期目を迎えるナレンドラ・モディ政権ですが、２０１４年の第一期政権発足からしばらくは中国との関係は安定的でした。

しかし２０２０年に印中間の係争地であるガルワン渓谷に中国が進出したことに端を発して、両国軍の間で戦闘が発生しました。一連の戦闘によって、インド側の発表によればインド兵20名が死亡しました。

中国側は本件の世論的エスカレーションを避けるために被害状況の言明を避けましたが、死者数は若干名あったとされています。情報統制の盤石な中国側は核保有国同士の挑発スパイラルを忌避して、国防部、外交部またネット言論統制など様々なルートで冷静さを演出しました。

一方で、ナショナリズムの高揚が内政的にポジティブな側面を持つモディ政権は対中強硬策に転じ、過激さを増していきました。インド国民感情も刺激され反中感情が増長されていきました。同じ事件に対して、印中両国の対応が綺麗なコントラストを描いて真逆になっていました。

その後、本事件を受けて、インド政府はＢＡＴ（バイドゥ、アリババ、テンセント）らのメッセンジャーや検索サービス、バイトダンスのＴｉｋＴｏｋなどの国内使用を禁止にしました。すでにインド内でシェアを拡大していたシャオミーなどの中国資本スマホブランドなどへの規制も強化されました。

中国内で製造された製品をインドに輸入することの阻害にもつながり、モディ政権が従前から掲げていた「メイク・イン・インディア（インド内の生産製造インフラを向上させる総合的施策）」とも合致しました。しかし現実的には、シャオミーらはインド内生産を拡大するものの重要なハイテク部品は中国製造品の輸入に頼らざるを得ないと言われています。

これら一連のインド側のアクションは、中国側にどれだけのダメージを与えたかの計量問題は別にして、ガルワン渓谷での印中間衝突を受けたインド側のエコノミック・ステイトクラフト発動といえるでしょう。

米中印の「3G」世界で日本はどう生きるか

ただし、インドにとって中国は単独の国家主体として最大の貿易相手国である一方で、中国にとってインドは対全世界貿易の数パーセント程度の相手国にすぎない、という相手国の立ち位置ギャップがあります。

さらに、規制対象となった中国資本企業は企業戦略上の修正を余儀なくされたはずですが、民主的な政治体制の国とは異なり、それらの中国企業が主体的になって中国財界から中国政府を突き上げるという手段を持ちあわせていません。

逆の例示としては、日本の特定産業がどこかの国からエコノミック・ステイトクラフトを発動されたら、日本政府は当該産業支援に動かざるを得ません。

もちろん、中国政府も当該企業群を支援するかもしれませんが、支援するか放置するかは、情緒的民意ではなく国家戦略に合致するか否かで決定されるものでしょう。中国内の言論空間においても、中国企業の不利益が中国政府への不満に転換されることを、中国政府はブロックすることができてしまいます。

よって本件のエコノミック・ステイトクラフトは中華人民共和国という国家としての経済ダメージは軽微であります。類型化するならば、本件（インドによる対中エコノミック・ステイトクラフト）は、相手国威圧型というよりも国威発揚型エコノミック・ステイトクラフトという印象が強いものです。

クアッド首脳会談。（左から）豪アルバニージ首相、米バイデン大統領、岸田文雄首相、印モディ首相。2022 年 5 月　出典：首相官邸ホームページ

インドに関しては、本書では詳しく扱いませんが、米中対立（G2構造）の中における、「非同盟中立」「非同盟2・0」「戦略的自律性」「プルーリラテラリズム」を標榜しながらも国力途上中の謎の自信だけを持つ国といった、現代の日本国内に認知されたインド像だけではその将来の振る舞いを分析しきれません。

経済力を蓄え、軍事力を強化し、国際インテリジェンス能力を高め、外交力を重層的にし、国際フレームワークを活用し、ソフトパワーを発達させ、自信を強めた2040年代以降のインドの姿を見据えれば、超大国として独立した一つの極を形成するインド像の想

印モディ首相が訪露しプーチン大統領と会談
写真：代表撮影／ロイター／アフロ

定が急務でしょう。我々がいま議論しがちなのは、米中のどちら側にインドがつくのか、権威主義側か民主主義側かというものですが、それとは全く異なったロジックです。

　今般話題のグローバルサウスの盟主に誰がなるかなどは矮小化された議論であって、メタな米中印というG3の競争対立構造が絶対的に支配する可能性があります。

　米中対立は2プレーヤーの関係性でしたので計算が単純でしたが、G3は2プレーヤーが握れば1プレーヤーが没し、相対的に強くなった2プレーヤーが覇権を争う過程の中で没していた1プレーヤーと組むなど、動的で複雑な環境パラダイムを生成してしまいます。

　まるで、小説『三体（The Three-Body Problem）』（劉慈欣著）の世界のように、G3の配置によって「恒紀」と「乱紀」を繰り返し、米中印以外の諸国はその環境影響を受けながら生存空間を探し続ける世界がやってくるかもしれません。
日本の経済安全保障設計もこの環境から逃れられないでしょう。

第四部

戦略考察編

見えてきた日本の「勝ち筋」

日本の超大国分析の解像度を上げて、自己像を正すためのインテリジェンス

「第四部」では本書のこれまでの分析をベースに、日本はどうすれば経済安保を戦略的に活用することができるか、提言していきます。

経済安全保障は新しい国際競争のレイヤーです。特に日本が熾烈《しれつ》に対峙するのは、「第二部」で提示した

①サプライチェーンの強靭化
②制度・標準化の競争優位
③データと知財の攻性防壁
④否定の力
⑤国際的社会課題の支配
⑥産業統制化への合意形成

という経済安保を機能させる能力を有する米・中ならびに、潜在的能力を持つ欧・印になります。本書では、すでに顕在化している度合いが高い対中対峙の経済安全保障にフォー

カスして、日本の立ち振る舞いを考察しています。

何度も繰り返して恐縮ですが、筆者は日本国内に蔓延する情緒的な「暴支膺懲《ぼうしようちょう》」や論拠に乏しい「中国崩壊論」、勇ましいだけが特徴の溜飲を下げるための中国侮り論の主張をたびたび批判しています。

誤った前提からは、誤った結論しか出てきません。対峙相手に対する適正な脅威認識が重要です。中国観察の解像度を上げて、きちんとした情報に基づく分析で、正確な「中国像」を結ぶことが重要です。

その際には当然、「日本像」も正確なものである必要があります。「（日本は）中国よりこんなにすごい」「中国よりこれほど劣る」と過剰に振り切りすぎれば、現状把握は難しくなり、対処を誤りかねないからです。

中国を語る際には往々にして「中国特殊論」に基づく限界論や、過剰な脅威論が用いられがちです。一般的な民主主義国家との違いから中国を語り、「共産党、一党独裁の中国」という前置きで、「だから〇〇できる（できない）」としてしまう論法です。

たとえば共産党の党組織。確かに官僚主義的ではありますが、1億人の組織の中で熾烈な競争が行われており、党内部ではそれぞれのレイヤー、分野におけるスペシャリストたちを育成し、国家戦略を練り上げています。

「1億人の党組織」と「1人の総書記」による意思決定のメカニズムが日本からは想像しづらく、また見えづらいものではありますが、何もかも上意下達というわけではなく、意外にも下からの積み上げをトップが採用し、迅速に政策に盛り込んでいく事例も少なくありません。

なにせ、国内だけでも「1億人が党のポストや処遇をめぐってしのぎを削っている」ことを考えれば、それだけで人材はいやおうなしに磨かれ、淘汰されていく側面もあるというのが現実でしょう。

一方で日本の政治体制のアドバンテージは、究極的な設計主義には陥らず、誤った方向に急展開しにくいという、手続きを重視する民主主義の「良い意味での緩慢さ」です。

国民が議論を尽くすことは明らかに国民に幸福な環境をもたらします（少なくとも自由を尊重する民主主義者の筆者はそうだと信じています）が、同時に意思決定の遅さが発展の足かせにもなってしまいます。とりわけスイッチが入ると矢鱈《やたら》と意思決定が早く、政策実施に際し国民からの批判を許さない中国という競争相手の存在が、日本の政治的デメリットを相対的に鮮明化させてしまいます。

また日本の場合は法律を作った後の手入れが甘く、実効的に機能しているかのチェックも甘い実態があります。「法律さえ作れば仕事は終わり、後はそれにのっとって粛々と運用していけばいい」といった具合では、この経済安全保障の枠組みも「大騒ぎして作ったはいいが、情報漏洩の防止が機能しない」とか「あまりに規制を強くしすぎて米中間で日本が一人負けする羽目になった」などという事態に陥らないとも限りません。

さらに言えば、日本は普通選挙が実施されているものの、実際の政治運用は縁故門閥主義がはびこってしまい、政治トップレベルでの競争原理が阻害されている現状があります。

行政官僚機関としては、ポスト競争という意味での競争原理は働いていないわけではありませんが、その官僚を活用する政治家の方は世襲や官僚出身者が多く、縁故門閥によって官権偏重的な運営コースが描かれています。これの至る先は普通選挙なき中国の設計主義に近似した体制です。

日本の民間企業がめぼしい先端技術や研究の種を持っていることに間違いはありませんが、「日本のいいものがすべて中国に取られてしまう！」といったもの言いも、ある意味では「幻想の中国」を前提としている点を否定できません。中国は各国から盗むだけで自国の科学技術力を発展させてきたわけではなく、すでに中国は自国の知財をどう防衛していくかについて、国内・国際両方での標準化を考え始めている段階です。

元は非合法な「盗っ人」でも、世代を経て合法マフィアになっていれば、それを法律的正義論で攻めるのは難しいという現実があります。良い悪いではなく、現実を直視した認識が必要です。さらに我々にとって残念なことには、現在の中国は世界のルール・価値観を変更しようと試み、それができるだけのパワーも蓄えてきています。

経済安全保障政策には、米中対立が激化する中での日本の立ち位置を考えざるを得ない面があり、今はアメリカ寄りを基本にするしか選択肢がない状況ですが、それでも日本はやはり「アメリカとも中国とも立場が異なる」という点をより強く意識する必要があるでしょう。

しかも先に述べたように、米中だけではないインドが加わる競争構造までを踏まえれば、静的にどこかの陣営に属していれば安泰である、というのは過去の牧歌的時代、ゴールデンエイジであったなぁ、と振り返ることになるでしょう。

もはや、地球は「三体問題」とハイブリッド・ストラグル（多元蠢争）の時代に足を踏み入れているのです。

日本が思っているほど「親米」「反中」の国は多くない

話を本書が主眼とする米中二国間競争のシンプルな現況構造に戻します。アメリカ、中国は「超大国」ですが、日本はあくまでも「大国（地域大国・非超大国）」です。これは卑下しているわけでは全くありません。規模とポジションについての誇りある適正な自己認識です。また、「アメリカと常に足並みをそろえてさえいれば苦労しない」とか「アメリカのやることをスケールダウンして、何分の一、何十分の一レベルで真似をして追従していれば間違うことはない」などと思い込むのも危険です。

たとえば2022年2月末から発生したロシアによるウクライナ侵攻（宇露戦争）においては、欧米が日本に対して「一緒に足並みをそろえてロシアに圧力をかけてくれ、ウクライナを支援してくれ」と要請してきます。これに応えていれば何となく「やっている感」は出ますが、本来、日本がやるべきことはそれに加えて他にもあるはずです。

たとえば中国は、宇露戦争（中国側はウクライナ危機と称しています）の影で、欧露米の全世界的プレゼンス低下を鋭く見極め、中央アジア、南米や中東との結束を強化し、経済協力を表明するなど結びつきを強化していました。

ＡＳＥＡＮ諸国のうち重要な国を狙った友好の一手を打ちつつ日米と連携するフィリピンとの対立を深めることでＡＳＥＡＮ内の離間工作を進め、冷え切っていた中豪関係も温め直しました。日本も２０２２年５月に入ってから岸田首相がＡＳＥＡＮ３カ国を歴訪するなど「対中牽制」とみられる動きを見せましたが、まだまだ中国の全地球規模での巧みな一手には及ばない範囲にとどまっています。

日本が思っているほどには、世界各国の「親米」「反中」度合いは高くはありません。むしろ「親中」でなくとも「反米」だったり、先に述べたように国連で何らかの採決を取る際には中国と足並みをそろえたりという関係性を、中国はアフリカを中心に構築しつつあります。

２０１９年10月、人権問題を扱う国連総会第三委員会で欧米が中国によるウイグル人弾圧非難声明を出した際に、賛成したのは23カ国で、アジアでは日本だけが賛成したのが現状です。一方、中国を支持した国はロシアやパキスタンなど54カ国。数だけで言えば、国連での数の戦いで自由主義陣営はすでに中国に負けている状況です。

続く２０２１年６月の国連人権理事会で発表された新疆、香港、チベットの人権状況を懸念する共同声明では、欧米諸国や日本など44カ国が署名したのに対し、ベラルーシ代表が同日に発表した中国擁護の声明に署名した国はアフリカ、中東などを中心に69カ国に達しました。中国を支持する国々の方がずっと多く、自由主義陣営が劣勢、中国側の主張が優勢になる形勢で、国連が分断されつつあるのです。

ロシアによるウクライナ侵攻で起きた中国の「棚ぼた」

これまでの中国は、2049年をめどにアメリカを軍事、産業経済、科学技術、文化、エンタメ、マネーなどで凌駕することを目標にしてきたことは本書で何度か触れてきました。そして、その世界覇権を米国から奪取するために、中国は欧州主要国やロシアとの協調を図ることに長年腐心してきました。

大国の戦略的競争関係の構造上、中国がアメリカと頂上対峙するためには欧露が重要なパートナーになります。中国は、中国vs.米欧の構造になることを避けなければならず、中国vs.米国、として露欧が中国側につけばやりやすいと考えていたわけです。

しかし中国にとって難儀で、御《ぎょ》しがたいのは特権階級的な欧州各国（特に英・仏・独・伊）で、これらの国々に対しては、経済支援合作や原発宇宙技術開発合作を行い、かなり急進的な脱炭素政策にも迎合する、といったあらゆる手を使って、揉み手で下から目線で接近し、カネもヒトも投資してきました。すべてはアメリカを凌駕するためです。

そうした背景のもとで２０２２年、宇露戦争が発生しました。

ロシアの侵攻前後では、欧米諸国が対露経済制裁を決める中で、中国はロシア・ウクライナへの二方美人で、主に経済的利得（ウクライナとの自由貿易も継続しつつ、露の天然資源を中国が購入したり迂回貿易をしたり）を確保すると見られていました。

しかし侵攻が長期化したことにより、ロシアは国際社会での信用を著しく毀損しただけでなく、直接的な経済ダメージも十分に受けつつあります。

そして将来的にロシアが国家解体的リセットにならない限り、欧州主要各国は自然エネルギー確保のコストが増加することに加えて、宇露問題が片付いた後でさえ軍事安全保障のコストを上げざるを得ないでしょう。

よって欧州と露は長期的な「地盤沈下」を起こすことがほぼ確定してしまいました。

中国にとっては、元来より「２０３５年長期目標」などと表現されるように、これからの数十年間は欧露との協調期間を経て、Ｇ２構造（米中の両超大国が国際ルールを主導）を経由して、長期的にはＧ１構造（中国覇権の確立）に着地するという目論見がありました。いわば、欧露と社交ダンスを踊りながらＧ２を確立し、その後、Ｇ１へ至るというシナリオです。

ところが今般の偶発的な欧露の「地盤沈下」により、中国はこれまでのように欧州貴族国家のご機嫌取りをする必要性が低減します。

もちろん、これまで通り対米戦略の一環として対欧州先進諸国協調は重要ですが、従来よりも対欧の戦略的重要度が低減し、コスト投下を緩くすることが可能になったので他の戦略的対象にエネルギーを割くことができるようになる、ということです。

言い換えれば、中国はロシア・ウクライナ問題の対処によって、欧露とのダンスでなりふり構わず尻尾を振って踊って、体力を消耗する必要がなくなりそうな状態になってきたということになります。

長年米国に打診しながら足蹴《あしげ》にされ続けた悲願のＧ２構図に、実質的に自力シフトすることが可能になりそうな「棚ぼた」チャンスが発生したわけです。

一方、覇権を保ってきたアメリカ側としては、Ｇ２構造にされてしまうと中国と同じ土俵に乗ってしまうため、拒否し続けてきた過去があります。

しかし、今後、アメリカが欧露間の小競り合いに引きずりこまれなくとも、片や国連はプラットフォームとして存在させつつ、片や実質的には米中が世界ルールを強く決定していく。自然に「G2」構造になっていくでしょう（少なくとも、インドが台頭するまでは）。

中国は侵攻開始直後から、宇露問題に関しては一貫して「中立」を強く訴えていました。これはあくまでも中国が対露中立を目指し、宇と露の双方から「敵」とみなされないことを目標としてきた、ということであり、宇露以外の他国が、中国が中立であるとみなすかどうか、ではありません。

その後、侵攻開始から一か月ほどが経過した3月18日の米中首脳会談前後から、重要なターニングポイントを迎えます。「中立的立場の輸出」を志向していきます。

つまり中国は短期での経済的利得はそこそこ確保したうえに、当時の外交変数をとりこみ、米中G2構造へと国際社会の流れをマイルドにもっていく戦略を取っていきました。

中国は引き続き親露とも反露とも言わず、各国に個別に対露中立化のムードを醸成するように仕向け、その中立的盟主たる外交得点を取る、ということです。

- 反露でも親露でもなく中立

- 円滑なグローバル経済システム維持
- 人道主義
- 数カ国の列強談合による一方的で強権的な制裁反対

こうしたポジションを輸出しながら、同じスタンスを取る国の盟主になることを中国は狙っていたといえるでしょう。

中国が作り出した「どちらに転んでもおいしい」戦略

一方、日本は日米関係とG7関係を考慮して、政治的にもメディア上でも、「ロシアを許してはならない、制裁を継続せよ」といったスタンスが主流です。しかし中国が主導する「中立化」ロジックが刺さる（刺さってしまう）国は少なくありませんでした。

日本から見れば「正義に反する」「国際法すら破っている」、そんなロシアの立場を支持するなんて中国くらいだと考えてしまいかねないのですが、侮ってはいけません。

例えばBRICS（ブラジル・露・印・中・南ア）は当時の露のムーブに対し、ブラジル（露からの肥料輸入と対中食糧輸出の匂いが強い）はルーラ大統領が中立を早々に表明し、印（印露の軍事的協調はかねてから存在）は中立どころか2022年3月18日にも露産原油輸入も堂々と継続表明するなど、オワコンと思われていたフレームが謎の団結力をみせました（BRICS開発銀行の本部は上海に、新ビルも上海に完成）。

つい先日には、ウクライナ側が主導した「ウクライナ平和サミット」で、2024年6月16日に共同声明が採択されましたが、参加はしたものの共同声明を支持しなかった国も少なくありませんでした。

特に「BRICS+」の国々は、共同声明を見事なまでに支持しませんでした。最初から参加さえしなかった国も含め、ブラジル、ロシア、インド、中国、南アフリカ、アルゼンチン、イラン、エジプト、エチオピア、サウジアラビア、UAEという「現BRICS+」構成国に加え、2024年5月に正式加盟申請したタイも不支持に回りました。

振り返れば、宇露戦争は中国にとって「棚ぼた」でした。そして中国は「棚ぼた」から自律的マネジメントでのG2構造への期間短縮を図りました。時間の問題といえば、たしかに単に時間の問題ではありますが、仮に実質的G2に移行した先には、中華G1というより一層恐ろしい世界実現の蓋然性が高まります。

我々日本人としては、宇露問題は宇と露だけに非ず、安全保障リスク管理について今までよりもさらにスピード感ある対応が迫られるようになってしまった、というチャイナ・ファクターを鑑みた認識が重要です。

さらにその先の中国の動きを振り返ってみましょう。ロシアによるウクライナ侵攻が1年以上続いたことで、中国は戦争が終結するメリットと、長引くメリットの同時達成というメタゲーム優位化戦略として、「右手に饅頭《まんじゅう》、左手にチョコレート戦略」のようなものを打ち出しています。

中国はロシアからの資源輸入を増やし、中立戦略を取っていることで日本から見ると「ロシアを（事実上）支持している」ように思えますが、実際にはかなりプーチン政権に対する「塩対応」を行っています。

そして前述の通り、中国は2022年中はBRICSを中心として中立化の盟主として振る舞おうとしていましたが、自国で二十大（中国共産党第20回全国代表大会）があり、ゼロコロナ継続していたこともあり、あまり外交にフルコミットできず「中立化」を大々的に輸出することはできなかったようです。中国が宇露間中立イデオロギーの中核にいたとは言えない状況でした。

そんなことをしているうちに、2022年8月にナンシー・ペロシ米下院議長訪台イベントが起きてしまいました。この時は米中トップ間のエスカレーション回避調整が行われ、米欧からは政治家が訪台し対中強硬姿勢を大衆にアピールすることが可能となり、一方中国側は人民解放軍が切望していた台湾周辺の準海上封鎖演習を行えたため、アメリカと中国の政治としては益があったといえます。

しかし台湾だけは地政学リスク向上という産業へのレピュテーションダメージを受けてしまいました。

また2023年2月に発生した米国内を飛ぶ中華スパイバルーン事件や、インドを筆頭にグローバルサウス各国が中立化に流れていったことによって、中立化にいち早く名乗りをあげた中国の専売特許は崩れていったことになります。

このように、中国にとって

- 宇露間の中立化は達成している（両岸問題の安定性は保たれた）
- 自国のリスクをとってまで和平介入する気はない
- 和平になりそうな宇露間の戦局・状況になったら乗り出す
- 米欧・露が軍事外交資源を宇露現地で摩耗している間に、既存の対アフリカ、対AS

ＥＡＮ外交を発展させ、いま大国の影響力低下をついて対中東（米露影響力低減）、対中央アジア（露影響力低減）、対ラテンアメリカ（米影響力低減）外交を展開させる絶好の機会になった

という環境で出てきたのが「右手に饅頭、左手にチョコレート戦略」と名付けたくなるものでした。

イランとサウジ間への介入にみられるような和平仲介成就の大国外交得点メリットと、紛争が継続することによって大国が宇露に目を奪われる中で展開する、ミスリーディング外交のメリットが拮抗している状態です。

中国にとっては、どちらに転がってもメリットがある状態で、この状態を作ることにもっていったことを「右手に饅頭、左手にチョコレート戦略」ととらえています。

ロシア・ウクライナ間については戦局次第でどちらに転ぶかは不確実なので、この状態が中国にとって最適な状態になっています。中国は日に日に戦況変化する宇露間のミクロなゲームにさほど深く関わっている暇はないので、メタゲーム（メタメタゲーム）での優位にしか興味ありません。

「中立化戦略」はマイナスからゼロに向けたリスク回避戦略、「右手に饅頭、左手にチョコレー

ト戦略」はゼロからプラスに向けた成長戦略であり、どちらも同時に存在しうるものです。

中国は大きな方針をもとにこうした戦略を立て、宇露戦争やその他の国際社会での「変数」になりうる事態に合わせて政策や方針を変更しています。

宇露戦争は、中国の外交分析の一例にすぎませんが、彼らのサイコパスなムーブを直視したうえで、日本が取り得る戦略の選択肢を真摯に考える必要があるでしょう。

中国が想定している二つの国際秩序シナリオとは

もう一つ、宇露戦争の事例にちなんだ中国の国際秩序の捉え方をご紹介しておきます。

まず、大前提として押さえておかなければならないことがあります。中国がアメリカを凌駕する国になることを目指していることをもって、「既存の国際秩序に挑戦する」と解説されることがありますが、これは大きな間違いです。どちらかと言えば、「既存の国際秩序を守り、利用しつくして、その支配の確立に挑戦する」と言った方が適切でしょう。

国連での代表権を北京中央（中国）が台湾（中華民国）から奪ったアルバニア決議

（1971年）以降半世紀、中国は国連を舞台に大きな外交利益を得てきました。中国側は、国連（憲章）のもと、唯一の中国代表であることを喧伝し、「1つの中国」原則というロジックで、多くの国家に対し二カ国間で唯一性を承認させています。

チベット、ウイグル、モンゴルを含む中国の現在の国境線が認められ、国内問題への国際社会からの批判を「内政干渉だ」と突っぱねられるのも、内政不干渉を是とする国連中心の国際秩序の賜物です。

もし、宇露戦争や2023年10月から激化しているイスラエル・パレスチナ間の衝突などで国連の枠組みが揺らぐと、中国は半世紀にわたって投資してきた貴重な「外交資産」を失います。だからこそ、地域紛争が国際秩序に影響を与えることを防ごうと動くのが中国の第一原則です。

現在のところ中国は、宇露戦争に関しては中立化戦略を取り、イスラエル・ハマス間の紛争に関しても「二国家解決」を前提とした中立を表明して、言い換えれば「知らんがな」のスタンスを取っています。国際法違反であるイスラエルの攻撃を非難しない西側諸国を「ダブルスタンダードだ」と攻撃することもあります。

中国メディアの中には「欧米はウイグルを批判するが、ガザに暮らす人々よりはマシだ」

などと書く媒体もありました。こうした攻撃も、国連という枠組み、現在の国際秩序が存在する中でこそ生きるものです。

北京中央は中華人民共和国建国百周年にあたる２０４９年までに米国を凌駕する野心を持っているがゆえに、２０４０年代までは米国に対して「戦いません、勝つまでは」戦略を継続する見込みです。米中の成長スピードが相対的に中国に有利に推移することを確信し、産業と経済の力で中国の国力が自然に増大し、世界覇権を「実質的に」握れると判断しているのです。

そうした北京中央が想定するシナリオを前提とすれば、日本にとっても関心が高い「中国は台湾をどうしたいのか」についても、自然に想定が見えてきます。

中長期的には、北京中央は中華人民共和国の国力が圧倒的に米国を凌駕した時点で、台湾執政に関与する流れを想定しています（シナリオA）。その場合は国連という組織と、国連中心の国際秩序が続くことが欠かせません。

そのため、国連での中国の影響力に疑問符が付くような行動には慎重になります。過激なアクションを起こさず、待てば待つほど、北京は台湾の執政への関与に軍事力を用いることなく、低コストで近づけると考えているからです。

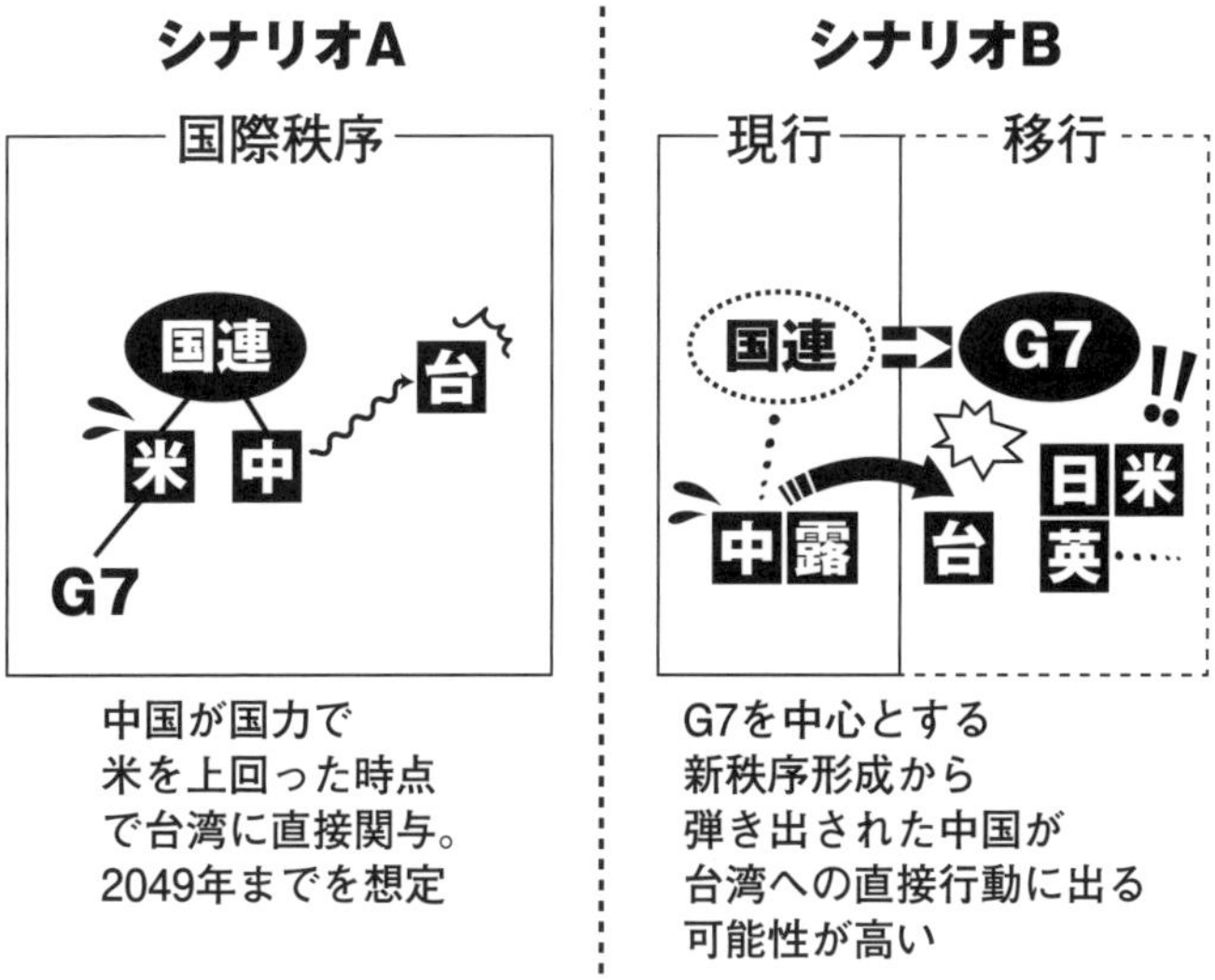
シナリオA
国際秩序
国連
米
中
台
G7
中国が国力で
米を上回った時点
で台湾に直接関与。
2049年までを想定
シナリオB
現行
移行
国連
G7
!!
中
露
台
日
米
英
G7を中心とする
新秩序形成から
弾き出された中国が
台湾への直接行動に出る
可能性が高い

宇露戦争が短期で収束し、国連中心の秩序が維持されるなら、ロシアが中国に依存することで経済的利得も増し、台湾危機をエスカレートさせる動機は低くなりましたが、侵攻開始から丸2年が過ぎ、イスラエルに対する決議でアメリカが連続して拒否権を行使するような状況にある現在、中国はここから国際秩序がどの方向に動くか注視しているはずです。

もう一つのシナリオは、国際秩序が国連中心からＧ７を中心とした新秩序にシフトすることです。その場合、台湾の国際的な位置づけが抜本的に変更され、それに伴って台湾人が何らかの外からの圧力（アメとムチ）や影響を受けて仮に独立を望むことになれば、北京中央にとっては平和裏に両岸問題を解決するという選択肢を失うことになり、内政コストと軍事コストが増します。これは北京中央が最も嫌い、警戒する事態です（シナリオB）。

宇露戦争の長期化で、国連主導の秩序が脆弱化する可能性がありました。宇露戦争発生時にG7各国が連携して新たな国際秩序の構築へ動けば、大きな転換となる可能性もあったのですが、今のところはその傾向は消失しています。仮に、今後何らかの大規模な地域紛争が発生し、国連主導の秩序が崩れれば、中国が長年育てた「資産」が埋没コスト化し、何よりも「1つの中国」原則が揺らぎます。

台湾執政に関与できる見込みが薄れると、中華人民共和国の憲法にも記される台湾統治への安定的道筋が崩れ、末端党員や大衆人民に党中央の無謬性（「党中央に失敗はない！」）を証明できなくなります。普通選挙がないからこそ、無謬性の崩壊は党による統治体制を根幹から揺るがし、正統性にイエローカードが突きつけられるわけです。

これは、繰り返しますが中国共産党（北京中央）が最も避けたい事態です。北京中央は、党による統治の正統性と無謬性の低下を回避すべく、軍事侵攻を画策する蓋然性が高まります。世界と日本は、現在の「戦狼外交」の比ではない、中国の圧倒的な粗暴化に直面し、台湾有事のエスカレーションへの対処を強いられます。

日本がシナリオBを望むことは、選択肢としては「あり」です。ただし、新国際秩序には莫大な立ち上げコストがかかり、軍事的にリスキーなので、日本がシナリオBに突き進む決断を実際にする必要は、今はありません。しかし政治的な選択肢としてシナリオBが存在しているのを意識するだけで、中国を牽制するカードになる。その意味で「あり」なのです。

「最も被害を被ったのは日本だった」を避けるために

仮に宇露戦争が収束せず、長期化すると想定することや、全く新たな地域紛争がどこかで発生し、G7各国がこれを新秩序構築のきっかけにするなら、台湾危機のエスカレーションが待っています。大陸と台湾に最も近い位置にある日本は、他国よりもずっと大きな影響の直撃を受けるでしょう。

日米以外のG7各国にとって、台湾有事の影響はもっと限定的かもしれず、国連中心の秩序からG7主体の新秩序に移行するハードルは相対的に低くなります。だからこそ、その移行に日本が主体的に関与しなければ、欧州先進諸国の思惑に流されてしまい、結局一番大きな被害を受けたのは日本だった、という最悪の事態になりかねません。

日本にとりシナリオAの継続は、中国が産業・経済・軍事・金融などあらゆる面で肥大化するのを受け入れ、中国の強い影響下で生きていくネガティブな選択となります。また、冒険的なシナリオBの選択で、国際新秩序形成という「中国の驚異的な粗暴化（台湾危機のエスカレーション）」に直面するのもネガティブな選択肢です。

しかし、シナリオBによってアメリカが本格的に中国を抑え込むモードになれば、アメリカや日本も返り血を浴びながらも中国の成長がシナリオAよりも一層鈍化し、中国の影響力が低い間に他国の台頭余剰が生まれ、世界のパワーバランスの根本的変化や中国内政の変革に淡い期待を寄せることは可能です。

以上の客観的な北京中央の行動原理への理解は、「中国と正面から対峙する」政治的ポジショントークとは峻別《しゅんべつ》しておかねばなりません。

ここを混同すると、日本の現状の問題は「中国の代理人となっている日本の媚中政治家の排除」や「中国懲らしめ」一色になってしまい、日本の対外的な立場をかえって悪くします。

表向き妥協したり、媚びるふり、突っぱねるふりを使い分けながら、日本の国益を確保するには、いずれの脅威（シナリオAもシナリオBもともに重大な脅威です）を選択して国際秩序に関与していくか、日本の政治家は今のうちにシミュレーションし、議論しておかなければなりません。

実際に選択する以前の問題として、シミュレーションには正確な情報が不可欠です。正確な情報を得るためのインテリジェンス機能の拡充を現実に議論し（先述の「情報安全庁」構想など）、その人材育成・予算・新しい法令・組織を立ち上げたうえで、どちらの脅威で行くべきか、政治議論を詰められるようになれば、戦略的な選択肢の幅を持てるようになります。

中国を相手に本当に闘うべき領域、協調する領域を判断していく情報を蓄積するには、インテリジェンス能力、諜報の力が必要ですが、現在の法制度には人材育成の側面が決定的に欠けています。

最も不足している人材は、産業・経済、軍事、金融、文化・芸術・思想などの各専門領域を束ねるメタな専門家である戦略家です。中国が戦略家を抱えて動いている以上、こちらもそうしないと各個撃破の餌食《えじき》になってしまいます。

そのためにも、「反中・嫌中・親中・媚中」の感情的なインフルエンサーの、場当たり的な発言に政治が流されないよう、皆で冷静に批判していく必要があるでしょう。

対中リスクマネジメントは中国企業に学べ

中国というリスクをどう考えればよいのか。中国内では事実上、多くの社会的影響力のある組織内に共産党組織を置かなければなりません。行政組織だけでなく、軍、法曹、大学、民間企業などあらゆる組織に中国共産党の「革命細胞（という名の保守組織）」が埋め込まれています。

中国当局側の視点にたてば、彼らが最も恐れるのは、民間企業（国有企業ではなく）が資本を莫大に蓄えたうえで、アンコントローラブル（コントロール不能）な状態になり、党による統制を脅かす事態になることです。この「上に政策あれば下に対策あり」の空気感は独特の緊張関係をもたらしています。

そんな制度の中で多くの競合他社と熾烈な競争をするだけでなく、お上の空気感を敏感に感じ取って成長してきたのが中国の大手民間企業です。

小規模時点よりも規模が拡大してきた時は、特に党の意向とずれてしまえば生存がかなり厳しくなってしまいます。同時に、ライバルとの競争も厳しい。「上は大水、隣は大火事、て―へんだ！」、とばかりに彼らの縦と横のリスク管理には計り知れない能力が必要だといえます。新興の中国民間企業ほどチャイナリスクを知っています。

ある程度多国籍化した新興中国企業は、リスク管理のために資本と事業をロケーションごとに切り替えています。とりわけ、２０１７年６月のサイバーセキュリティ法、そして２０２１年９月のデータセキュリティ法が施行されたことで、コンテンツや個人情報を事業資源として扱う中国のプラットフォーマー企業は法令施行に先駆けて対応していきました。

テンセントのＷｅｃｈａｔや、バイトダンスのＴｉｋＴｏｋなどは敏感に徹底遵守に走りました。

中国側が「データ安全保障」を加速させた事件がありました。中国内の配車アプリＤｉＤｉが２０２１年中旬に米国ニューヨーク証券取引所に上場することを計画していました。その準備過程で米国当局から配車・地図・顧客データなどを米国側に提出することが求められたとされています。

ＤｉＤｉ側は６月に上場された後に、この「噂」を否定していますが、ＤｉＤｉが保有していた安全保障にも関わる中国のビッグデータが米国にとられてしまうことに、中国側が危機感を覚えたことは間違いないでしょう。

そこでサイバー主権を掲げ、データ安全保障を推進する中国側は、「噂」が表に公開される前の2021年6月10日に国家安全の観点からデータ越境ルールを定めたデータセキュリティ法を全人代常務委員会で可決公布し、9月1日に施行となりました。

結果的にDiDiはこれらの法令に従って北京中央から鉄槌を食らうことになり、半年後には上場廃止手続きを開始し、翌年5月には臨時株主総会で上場廃止を正式決定するに至りました。

中国企業ほど中国当局の顔色を窺い、政治リスクを回避しようとしますが、それでも「ヘタをこく」と、このような末路になります。とは言え、中国企業は他国の企業に比べて中国当局に対する「顔色窺い能力」は高いはずです。

機を見るに敏な中国系企業の処世術

多国籍企業の一般概念としては、「本社」の下に「中国子会社」「アメリカ子会社」「日本子会社」などを置き、それぞれ親子資本関係でつながっています。中国のあらゆる産業の大手企業は国有企業（中央政府企業＝央企）でありますが、彼らも各国に子会社を設置するのは同様の資本構造です。

　若干毛色が異なり、複雑な構成をしているのがテックプラットフォーマーなど新興中国民間企業です。彼らは１９８０年代以降の中国の経済自由化、改革開放以降に成長した産業から生まれた企業ですので、彼らの登場前に国有企業が専有していた産業ではなかったのです。

　また中国の外資規制などをかいくぐって、タックスヘイブンとして有名なケイマン諸島にグループの本店登記をして、大口外国資本株主などを受け入れながら上場・二重上場を果たすなど、機動的な金融テクニックを活用していることも特徴です。有名なところでは、ジャック・マーこと馬雲が創業者のアリババグループ。日本のソフトバンクグループが最大株主でした。

　すでにソフトバンクはアリババ株を手放していますが、アリババは中国資本企業ではありません。事業も中国本土が最大の対象地域で事業本拠地は中国内ですし、中国共産党組織も受け入れていますが、最上部の登記はケイマン諸島になっています。

　同様にテンセントホールディングスもケイマン諸島に登記をしており、その大口株主構成は多くが中国外からとなっています。

創業当初から中国当局の「顔色窺い能力」を高めた彼らは、資本構成が「ボーングローバル（生まれながらのグローバル）」企業であるため、中国当局の法規制にも中国内の事業は従順に従いながら、各国の事業体を中国カラーではなく当該現地の法規制に従って運営することもできます。

実際に彼らは、顧客（ユーザー）に対して適用するサービスも中国向けとその他向けですべて変えて対応しています。表面上には同じサービスを提供しているように見えても、規約自体は全く異なっているのです。中国発のボーングローバル企業は資本を無色にしてきた経緯から、ラッキーにも経済安全保障の時代に対応しやすい組織体になっているといえます。

ちなみに、特殊事例になってしまいますが、中国発ベンチャーの中国政府の「顔色窺い能力」のユニークな一例があります。

たとえば日本にも出店している「海底撈火鍋《かいていろうひなべ》」の創業者・張勇は中国国内での事業で成功し、海外店舗の出店も軌道に乗り始めた2018年にシンガポールへ移住して帰化し、シンガポール国籍を取得しています。

創業者や企業トップが中国国籍のままだと、いざというときに個人資産の状況を調べられたり、差し押さえられる可能性があるため、トップの国籍ごと変えてしまうことさえもあります。

創業者がどこの国籍の人物であれ、事業主体がどこの国にあれ、資本を無色、ないしはマルチカラーにしておくことは経済安全保障に対応する多国籍企業としては重要な戦略の一環になるかもしれません。ボーングローバルでない限り資本の組み換えをするのはコストがかかることですが、検討の余地はあります。

中国政府を最も信用していない人たちに学べ

車や機械などのハードウェアの話は分かりやすいですが、ソフトウェア、つまりインターネットを介して提供されるサービスに関しては、どのあたりをどの程度、調整することで各国の規制に対応しているのか、表面的には見えにくい状況にあります。

しかし今後、この分野が最先端となり、経済安全保障上も、これまでの「輸出規制」では対処できない領域に及ぶことになりますから、ネットサービス分野での中国企業の対応は参考にすべきでしょう。

ただし、タックスヘイブンの利用については、今後国際的な規制が厳しくなることは必至ですので、租税回避目的ではなく経済安全保障対応目的なのですから、超大国との距離がバランス良い国に登記をして、資本構成をマルチカラーにして適正な範囲で納税するというのが現実的に思えます。

また、国家側の視点としては、多国籍企業への対応には常にジレンマを抱えることになります。中国だけでなくアメリカも、ビッグデータを安全保障上の国家資源に位置づけました。国家が企業に対して「国からデータを出さないように」と命じる線引きが厳しくなることが予想されます。

一方で、貴重な国家資源をどう生かすかに国が介入しすぎ、ガチガチに固めようとすればするほど、企業が締め付けを嫌って他国へ流出してしまいます。その意味では、自国に巨大な市場（需要）がある国家はまだしも、そうでない国はデータ安全保障のルールを厳しく企業に課すことはできないということになるのでしょう。

多国籍企業と国家主体の綱引きは、経済安全保障によってさらに複雑になっていくことが予想されますが、事業における対中リスク管理ならびに経済安全保障対応は、中国企業から学ぶことも少なくありません。

最も中国政府を信頼していないのが中国国民と言われるほどで、どうすれば政府からの監視や圧力を軽減できるか、どこにリスクがあるのかを熟知しているのはもちろん、その対策にも長《た》けているのが中国企業でもあるのです。熾烈な環境で育つ子供は逞しくなるロジックといえます。

中国の反撃戦略に備えよ

日米がそろって中国を（暗黙裡に）対象としている経済安全保障分野での提携を強めていますが、前述の通りこれに対して中国が、特別に大掛かりな法整備を急速展開することはなさそうです。もちろん、個別の品目や事象に対する規制アクションと対抗リアクションは常に展開されます。

中国にとっては、日本が経済安全保障を名目に注力しようとしている自国産業の振興やイノベーション活性化、サプライチェーンの強化などはすでにより大きな経済戦略の中に組み込まれていますし、米中から仕掛けられる可能性のあるエコノミック・ステイトクラフト的な攻撃に関しても、「相手がこうした行動をとってくる」可能性に関しては、当初より予測されているものでもあります。

確かにトランプ政権の「対中強硬姿勢」への転換の速度とその度合いは、さすがの中国にとっても予想以上だったようです。しかしそうした行動自体は予測不能なものではありません。たとえば、将来的に世界中で高性能の半導体の取り合いが始まる。どれだけ精密な半導体を得られるかが、その国のＡＩやスパコン、量子コンピュータなどの開発を左右する。となれば、アメリカは中国がこれをたやすく入手できないように動くに違いない。

中国はそれが分かっていたからこそ、「中国製造２０２５」を掲げ、半導体の国産化に取り組んできました。ただ、それがトランプ政権によってあまりにも急速的に推進されたということです。

また、ここまで中国は、アメリカなど相手から攻撃的施策を受けた際にほぼ同程度の施策を打ち返し続けてきています。たとえば「関税戦争」と言われたトランプ・習近平両政権の米中間での関税の掛け合いや規制の掛け合いを見ても、それは明らかです。

なぜ、同程度の施策を打ち返すのかと言えば、大きな理由は「アメリカにやられっぱなしとは何事だ！　弱腰じゃないか」という国内世論からの突き上げを食らわないためです。それでいながら、相手より飛び抜けてきつい対抗策を打ってしまうと、事態のエスカレーションを自ら引き起こしてしまいます。

中国はそうしたエスカレートを望んでおらず、あくまでも「等価報復」を行うことで国内世論を納得させながら、事態のエスカレートを引き起こさないよう注意深く反応してきました。

これは中国の戦略の大前提である「戦いません、勝つまでは」という姿勢の表れでもあります。中国はことを穏便に進め、自国の力を蓄え、相手を圧倒的に上回った時、つまり「戦って確実に勝てる状況」が出現して初めて戦いに打って出る、という戦略です。

また、日米、特に日本の場合には必要な国内の施策を打つための法律を考え、その範囲内でできる施策を打っていく、という順序になります。経済安全保障に関しても、重要インフラを担う民間企業に何らかの義務を課す場合には、法律が決まってからでなければ実施できません。

一方、中国の場合はこと経済に関する部分だけを見ても、通常の産業振興はもちろん、産業スパイも含む、強力なインテリジェンス機関を活用した情報や技術の窃取、あるいは人材の引き抜きなどに関して、日本であれば法令上、できないようなところまでを含めて「経済戦略」に位置づけており、しかも「実行しながら効果的かどうかを検討する」ことも可能です。そのうえである程度、効果が見込めれば法制化する、国家目標化するという順序になっているケースが多いという点も見る必要があるでしょう。

つまり中国は日米の「経済安保」施策に対し、具体的な新規対抗策を用意してはいませんが、そうした施策を打ってくることは考慮のうえ、大きな経済戦略の中で対処しながら、必要に応じて国家目標化、法制化するというシステムで動いている点を踏まえておかなければなりません。

中国が仕掛ける知財戦争への備えが足りない

今後、中国が攻勢に出るとみられるのが「知的財産権」の分野です。「知財大国」から「知財強国」へと成長する中で、これまでは「外国の知的財産権を冒してでも自国の産業に技術を蓄える」ことを目指してきた中国が、さらに自国内での技術開発力を磨き、今度は他国から盗まれないよう防衛する立場になりました。

日本の立場で言えば、日本の技術や特許、商標などを中国企業が勝手に登用する事例が、これまで多く報じられてきました。日本企業は中国国内で日本の知財を侵害する企業をなかなか訴えずにきました。

その意味では日本企業はこれまでも中国の知財問題における被害者でしたが、現在、日中の関係は「一方的に中国が日本の知財を侵害し、日本が被害を受ける」というものでは、すでになくなってきています。それが「中国が知財を他国に盗まれないよう防衛する立場になった」ことの大きな意味です。

国際社会での立場が変遷する中で、「知財を大事にしない」と批判されてきた中国が、今度は他国に対して「知財の価値を軽視している」「中国の知的財産権を侵害している」と攻撃に出るフェーズに差し掛かりつつあります。

今はまだ中国国内で、さほど多くない頻度で、中国企業から外国企業が訴えられる、という形の知的財産権をめぐる事例がある程度ですが、今後は件数が増えるだけでなく、外国で活動する企業に対しても、こうした訴訟リスクが高まってくる可能性があります。

たとえばＡＩのプログラムやアプリの機能などでも、中国当局や企業がかなり細かい仕様についてまで網羅的に把握し、他国企業の製品についても調べられるような状態になれば、中国企業は遠慮なく訴えを起こすようになるでしょう。こうした「知財訴訟リスク」に、日本の各企業が一社で果たして耐えられるかという点については、現状、大きな疑問が残ります。

中国は自国が発展するまでは他国の知財を侵害することも厭わず、自国の技術力を高めることに邁進してきました。あたかも「我が国は他国とは違うルールで動いている」「西洋とは概念が違う、そちらの価値観を押し付けないでほしい」などと言わんばかりに、国際的なルールに準じることを抵抗してきました。

しかし技術が十分な発展を遂げ、中国の持つ技術が他国から狙われるようになれば、今度はこれまでとは打って変わって「中国の知的財産権の重要性」を掲げ、他国企業を訴えるようになる。「前に言っていたことと違うではないか」とひとこと言ってやりたくもなりますが、一方で中国の機会主義的な姿勢を考えれば、ある意味では当然の、前もって予測し対処を備えておくべき変化でしょう。

日本の経済安全保障推進法では、日本国内の技術の把握、特許の非公開化、そして研究や技術開発への投資について盛り込まれました。これはこれで重要な取り組みですが、二つ問題点があります。

一つは、いま指摘した「知財面で中国から訴えられる企業をどうサポートするか」という面が欠けていることです。これは「今も日本は中国よりも先端技術を多く持っており、中国から盗まれないよう防衛する側である」という誤った認識からきていることですが、この「日本は中国よりも技術面で常に先を行っている→だから狙われる」という認識自体が、すでに現状と大きくずれていることに一刻も早く気付く必要があります。

むしろ、すでに日本はすべての分野とは言わないまでも、相当程度の先端分野において中国の技術開発レベルの後塵を拝しており、新規開発と見えたものが実は中国の後追いであり、それを理由に中国から訴えられる立場に立たされつつあることを認識しなければなりません。

20年先、30年先ではなく、もっと近い将来、中国からの「知財訴訟攻撃」にさらされることは確実です。それに前もって備える観点が、経済安全保障推進法にはもちろん、日本の経済安保議論には欠けています。

もう一つは、「日本は科学技術大国だ」といういま指摘した「認識のずれ」からきている点とも重なりますが、経済安全保障推進法の想定している「技術」が「先端技術」に大きく偏っている点です。

推進法は先端技術、あるいはこれから特許を取ろうという新しい技術に対しての施策、投資が中心になっていますが、実際に今、競争を生み出している「先端ではないけれど重要な技術」に対する観点が欠けています。

アメリカの真似ではなく、日本の国情に合った対処が必要

先端技術ないしは一般重要技術に関しては、不正競争防止法を使うことで、営業秘密や機微技術などを盗もうとする、中国の産業スパイ的な行為を取り締まることが可能です（不正競争防止法が効力を発揮する情報管理の実施）。

不正競争防止法は「不正競争によって営業上の利益を侵害され、または侵害されるおそれがある者に対し、不正競争の防止・予防請求権を付与することにより、不正競争の防止を図るとともに、その営業上の利益を侵害された者の損害賠償、差止請求、刑事罰など

を整備することによって、事業者間の公正な競争を確保する」ための法律です。そのため、営業秘密の侵害や、限定的に提供されているデータの不正取得、紛らわしい商標等を使った商品の販売などを禁じています。

不正競争防止法を使い、現時点で存在している機微技術を窃取しようとする組織や個人に対し、「営業秘密を侵害」しているとして刑事罰、民事的措置を科すことができます。ただし、「何が機微技術で営業秘密なのか」を取り締まる側（不正競争防止法の所管は経産省）が把握する必要があり、これにはやはり、インテリジェンス人材の育成に加え、セキュリティ・クリアランスが必要になります。

先端技術はこれから社会実装される可能性のあるものであり、将来的な可能性はありますが、まだ実際に何らかの利益を生み出しているわけではありません。一方で、すでに利益を生み出している既存の技術に関する観点が弱いところは、今後の経済安全保障体制構築の課題になるでしょう。

またこの「先端技術偏重」についても、「日本の自画像の見誤り」が影響しています。中国の「軍民融合」を警戒し、「日本もアメリカ並みに先端技術やそれを援用できる軍事技術開発に国が資金を投入すべきだ」というのは流れとしてはその通りですが、「超大国」

であるアメリカや中国と同レベルのことをやろうとしても実効不可能であり、うまくいきません。

それと同時に国策として考えるべきは、民間での投資生態系の構築や、投資環境の是正を模索することです。日本では「投資が活性化しない」点が課題とされ、「東京を世界トップの金融都市に」というような掛け声もかけられましたが、「100のプロジェクトに投資して、1つでもモノになれば万々歳」というリスクを飲み込んだ民間投資マインドの普遍化や、それを促進する制度は整っていない現状があります。

一方、中国は「R&D（Research and Development）投資」、つまり技術開発や研究に対する投資が活発で、ファーウェイのようなハードウェア企業だけでなく、バイドゥやアリババなどのソフトウェア、ウェブサービス、プラットフォーム企業、そこから派生したアントフィナンシャルのような金融企業まで多くの大企業が育ちました。これはリスク投資を積極的に行っているからこそできたことです。

自由奔放な経済発展よりも国家安全を重視する習近平指導部は三期目に入り、不動産バブル是正期間で中国人民の投資マインドが減少し、民間の金融生態系も勢いがなくなったという「経済踊り場」フェーズではあるものの、中国という巨大な経済主体はそれなりに前進しており、研究開発投資が世界最大規模レベルで行われているという現実の脅威認識が必要です。

「日本の等身大の自画像」をとらえ直せ

日本人として心理的にスカッとしたい気持ちは非常によく理解できますが、日本には中国の経済停滞を小馬鹿に非難して溜飲を下げている暇はないはずです。

我々はもう一度「日本の自画像」に立ち返る必要があります。

日本では米中の施策に目を奪われて、「宇宙、ＡＩなど派手なところに一点集中投資すべきだ」となりがちですが、ここでも「超大国である米中」と「地域大国ないしは非超大国である日本」という自己認識に更新する必要があります。もちろんある先端分野で日本が総花的に他国をリードできればそれに越したことはありませんが、「本当に最先端の○○事業で中国と競り合う必要があるのか」「もっとニッチなセグメントを攻めることを考えるべきではないか」という観点を持つことも非常に重要です。

「二位じゃダメなんですか」という某政治家のフレーズが亡霊のように言論空間を漂っていますが、やはり当初から二位や三位狙いというのは微妙なパフォーマンスしか生み出さないものです。

狭くても特定の分野で一位を狙い難いのであれば、その分野への投資を控えて別の効率性の高い領域に回すというのが合理的でしょう。

日本は他国と比べて、一次産業から三次産業までのあらゆる産業がそろっているところに特徴があります。徹底的にこだわって品種改良される農業や、ヘルスメディカルの分野では、他国の追随を許さない日本ならではの発展も見込めます。宇宙やＡＩといった先端技術も良いのですが、それらに総花的な投資をして無理に米中と渡り合おうとするよりも、渋くても日本の得意分野を見極めて投資することで、「十分食っていける」産業を伸ばすことも、本当の意味での「経済安全保障（経済面から、日本国民の安全な暮らしを保障する）」に資するのではないでしょうか。

ちなみに、実際に政府は振興対象産業の減税等支援策を超え、超大国がしのぎを削る分野を中心対象として「基金」を設けサポートし始めています。仮に、その対象が総花型ではなく特定分野に限定しているとしても、次の問題は、政府が見極めた特定分野は何の情報に基づいて「イケる」と判断しているのか、政府支援後のチェックを厳しくしているか、というものになります。

インテリジェンス機関が脆弱な日本の政府が投資判断を間違わないというのは難しいのではないか、99失敗しても1の成功を良しとするベンチャー投資的手法を逆手にとって免罪符とし失敗を過度に容認しようとしていまいか、誰が投資妥当性を事後トラッキングチェックするのか、それこそ官僚設計主義の誤謬に陥るのではないか、といったイデオロギー上の問題を生み出すことになります。

一見、滅茶苦茶でも中国が戦略的にことを進められる理由

超法規的なこともやりながら、必要なものを法制化し、単なる掛け声ではなく、達成の見込みがありそうなものを国家目標化し、その後「達成した」と宣言する中国の手法。時に批判的な向きからは「習近平の横暴」と称される政権のことの運び方は、実際には様々なことに手を出し、やってみて、ダメなら撤退、いけそうなら続けるといったトライアル

アンドエラー的な発想も垣間見えます。

中国共産党政権の正統性は、「国民を豊かにする」「国家を繁栄させる」ことで保たれています。国の成長が止まる、あるいは国際社会での位置づけが低下するとなれば、国民は「民主選挙を導入しろ、国を成長させられない人物には政権を任せられない、国民に選ばせろ、俺たちにやらせろ」と言い出しかねません。

中共にとって、こうした事態は絶対に避けなければなりません。それゆえに、中共は「国の成長」に必死にならざるを得ないのです。

一方、日本はどうでしょうか。バブル崩壊後の不況は、一時的な景気浮揚の時期もなくはなかったものの、この30年間、国民の平均所得は上がっていません。他国が順調な経済成長、平均所得の向上を続けている中、日本は低迷し続けています。

しかし政治の側には「国民を豊かにしなければ政権の正統性が問われる」「議席を追われる」「政権交代が起こる」といった危機感がありません。

2009年に一度、政権交代があり、その時の民主党には、失敗はしたものの勢いや「政治を変えよう」という気概は感じられました。またその後2012年に自民党が再び政権に復帰しましたが、この頃の自民党にはほんの少し、光るものがありました。

しかし頻繁な政権交代、仲間や自分の議席が失われるという危機感、中国のように「石もて追われる」ことのない状況下では、「失敗すれば路頭に迷う」ほどの、生存本能を刺激されるような組織的危機感は醸成され得ません。その点では、与党の責任はもちろんですが、与党に危機感を負わせられない野党にも責任があるでしょう。

与党を中心に、世襲議員や官僚出身議員が議席の多くを占めています。もちろん世襲や官僚出身がすべて悪いとは言えませんが、こうした属性を持つ人々は得てして「変化にドラスティックに対応するよりも、今日と同じ明日が来ることだけを考える」傾向になりがちです。なぜなら、その方が自身の議席や地盤、人脈を守りやすいからです。

そうした世襲や官僚出身者が悪人なのではなく（多くの有能な世襲議員、官僚出身議員がいらっしゃることも十分に理解しています）、世襲や官僚出身を偏重せざるを得ない縁故門閥主義と、選挙のためにそれを変えることができない政党組織慣性が問題なのです。結果として、政党から公認を得る過程に「競争原理」という最も効率的で合理的な資源配分をするルールが導入されることが阻害されることになります。

複数の世襲議員は有能ですが、「もっと有能かもしれない」人物が公認選抜の自由競争を経て政治家になる可能性を潰しているのです。ましてや、日本は自由主義を標榜しており、普通選挙を導入していない中国と対峙し、彼らを「普通選挙のない、統治体制を異にする非同志国家」と批判している立場なわけですから、我々自身が自由主義・競争原理を蔑ろにしては元も子もないのです。

また一部の典型的な官僚出身者は、枠組みを作ること、決まった枠組みの中で何ができるか、を考えることには長けていますが、既存の物事の仕切りを取っ払って対処しなければならないものへの挑戦がしづらいというネガティブな習性があると言われます。官僚時代に叩き込まれた「省益優先」や「縦割り」「予算主義」などから発想を変えるのが困難だからです。

時代の流れが急速に進んでいる場合、極めて感度の高い嗅覚が必要です。効果的な政策を打つ際には、「これをやらなければ私と家族の生存が脅かされる」というほどの超ミクロに自己還元した危機感が必要なのかもしれません。そして、それが逆流して、ひいては国益のための危機感につながっていけば健全でしょう。

日本には「生存を脅かされるような圧倒的危機感」が足りない

たとえば菅義偉政権下で発足したデジタル庁も、当初は「省庁や行政、地方自治体を含め、デジタル化に対応しなければこの国は世界の潮流から遅れてしまう」という危機感を少なからず持っていたはずです。

さらにはその外側に、サイバーインテリジェンスやサイバーセキュリティの問題が大きく横たわっており、こうした範囲まで視野に入れた改革を志向していた人も皆無ではなかったでしょう。

ところが、岸田政権になり、誰の責任かは不明なものの、デジタル庁は民間からの出向者が大量に退職、事務方トップの石倉洋子デジタル監も退任。その後、目立った施策が発表・実行された様子はありません。結局、これは政治と行政の間で「デジタル庁があったら便利だよね」といった程度の、ウォンツのレベルでの話しか共有されておらず、「これをやらなければ日本が国家として終わる」といったニーズのレベルでの認識がなされていないことにあるのかもしれません。

デジタル庁では、システムの中核を作り込む人材を公募してきましたが、当該採用者への防諜にどこまで目を配っていたでしょうか。筆者もデジタル庁構想を積極的に推進すべきと考えますが、並行してサイバー上のセキュリティ対策と、ヒューミントを含む国家インテリジェンス・防諜体制のサポートがなければ、デジタル庁の先行きは非常に危うくなると危惧しています。

そもそもデジタル庁の建付けが「行政効率化」を最大限に掲げたものであったことが問題ではありますが、それをアップグレードさせることも政治家にはできるはずです。デジタル庁には、サイバーセキュリティやデジタルベースの産業振興といった2つのビッグイシューを本格的に加えなければならないでしょう。

デジタル庁に雇用される民間人を兼業可能にすると言われれば、なおさら防諜体制が心配になります。官民兼務人材に対する外国からの工作活動を防ぐ、ディフェンスの仕組みは整えているでしょうか。サイバー空間での情報安全の概念も心もとないのに、ヒューミント対策まで考えられた兼業可の措置であるとは思えません。我が国のインテリジェンス、特に防諜関連にヒトもカネも全く足りていない中で、デジタル行政の中心に民間人がどんどん入っていけるリスクに怖さを禁じえません。

だからこそ、本書「第二部」で提案した内政干渉対策室や情報安全庁のような、サイバーセキュリティとインテリジェンスを包含する組織が必要です。

全体として、政府からは「このままでは三流国に転落する」「地域大国としての立場も危うい」というような危機感、切迫感が感じられません。経済安全保障一括法案で、技術開発用に「2年で5000億円」が積まれたことを見ても分かるように、この程度の予算で足りると思っていること自体が、「技術開発がこれからの日本にとって死活的問題になる」との発想がないことを示しているでしょう。

まずはこの規模の予算から、というのは理解できますが、それならば「予算化された」ことで政治家が「私の仕事はここまで」とばかりに満足するのではなく、予算執行後のプロジェクト成果まで責任を持つような必死さが重要でしょう。

「アメリカ追従、イージーモード」の時代は終わった

日本人は勤勉でまじめ、よく働くのになぜ給料が上がらないのか、と指摘されますが、

いわば政治が経済のお荷物化しているからだと言わざるを得ません。

多くの個別の政治家も、本当に努力をされていますが、政党構造がこの状況を作り上げてしまっています。政党組織の停滞は、国家沈滞を招き、それは腐敗そのものにつながります。経済安全保障も、本来は「これがきちんとできていなければ日本は国家として成り立たない状況に追い込まれる」という危機感に端を発しているはずですが、推進法の内容を見ても、そこまでの危機感は感じられません。

もちろん、「はじめの一歩」としては重要な法案、概念ではありますが、これで終わるようでは全く不十分です。法案が成立し、その枠組みの中でうまく運用すればそれでよい、と永田町や霞が関が考えているようでは、せっかくの法律も理念も、水泡に帰す懸念があります。その危険性をどこまでの人たちが共有しているでしょうか。

結局のところ、「危機感」「切迫感」が希薄で、国益というよりも選挙勝利条件のための政策展開を基軸にした日本の政治志向（個別の政治家問題というより、権力構造慣性）は、強力な中国というプレーヤーの登場、さらにはその先に見えているインドの急速な成長によって、見直し待ったなしという状況に追い込まれたともいえます。

戦略構築イージーモードの、米ソ冷戦完全分断やアメリカ一強G1の時代ではもはやないのです。

本当の意味で中国と渡り合うために必要なこと

様々な論点と幅広い分野を含む経済安全保障。機微技術を扱うこともあり、対象となるものすべてをテーブルの上に並べられないことから「何をどこまでやるのか」の全貌が見えにくい状態にあることもまた事実です。

また、国民向けに分かりやすく事例を挙げようということで使われがちな「コロナ禍で不足したマスク」や「サプライチェーンが通常通り回らなくなり、関連する産業界はもちろん、一般市民の生活にも影響を及ぼした半導体」など分かりやすい品目については、かえって「マスクは戦略物資とは言い難い」「半導体というが国産を増産するつもりか」「保護貿易的発想では」などの厳しい評価も招くことになりました。

経済安全保障で意識されている現在の相手国は言わずもがな中国であり、そこにはここまで説明した通り「米中対立」という国際社会の大きな潮流が背景にありますが、米ソ対立時代とは違い、すでに双方の経済や産業が隅々まで関係性を持っている中で、「デカップリング」と言われる状態が本当に起きているのかについては、多くの専門家から疑問も指摘されています。

中国による機微技術の窃盗や、それによる技術的台頭は抑えなければならない。さらには人権弾圧的な政策や、南シナ海、東シナ海で起きている領土に対する強い押し出しも牽制しなければならない。盗まれた技術が自分たちを攻撃するのにうってつけな軍事装備の開発につながるのは、なんとしても避けたい。

何より、中国が自国の経済力や、サプライチェーンに深く食い込んだ産業力をもって、日本に対して何らかの外交的・軍事的圧力をかけ、中国の意図を飲ませようとするエコノミック・ステイトクラフトには何としても対抗し、回避する道を模索しなければならない。中国の成長を少しでも鈍化させ、アメリカを凌駕する日を一年でも先延ばしにしなければならない——。日本はそうした圧力にさらされています。

しかし一方で、忘れてはならないのは、繰り返すように「日本はアメリカではない」ということです。もちろん、アメリカは日米安全保障条約による事実上の同盟国であり、民主主義を重んじ、現在の国際秩序を守っていく「同じ陣営側」であったし、これからもしばらくはそうあることは言うまでもありません。

しかしながら、日本はアメリカとは違い、官民問わず機微技術に触れる人材にはセキュリティ・クリアランスを施すことも、インテリジェンス人材を民間企業に派遣することも、（米中ですら捻出に苦労してはいますが）軍事技術向上のための技術開発・研究費を十分に投資することもできないのが実態です。

アメリカと足並みをそろえることは、アメリカの輸出規制との関係からも重要ではありますが、しかしできることには限界がある。この経済安全保障の枠組みを真に機能させるために必要なのは、まずは「日本自身が自国の正しい像を結び、何をどこまでできるのかを正確に把握する」ことです。

過剰にアメリカ並みを目指しても実現はほぼ不可能ですし、「これで中国の成長も止まるだろう」とこれも過剰な期待をかけてしまうと、そうはならない実態を前に立ち尽くすことになりかねません。

また、さらに言えば「だからといってアメリカの施策を十分の一、百分の一レベルに縮小して真似ていれば大丈夫」ということでもありません。

たとえば台湾との関係です。アメリカにとっては対中牽制、あるいは地政学的な意味合いからも台湾は純然たる「支援対象国」ですが、日本にとってはアジア地域のライバルにもなり得ます。すでに半導体に関しては、日本が台湾の後塵を拝しており、台湾が半導体市場で獲得しているマーケットに、日本はもはや参戦すら難しい状況にあります。半導体は別にして、一般的に日本にとって、中国を競合他社とするならば、台湾は同社内の同僚ライバルといったところでしょう。

さらに「国際標準化」という分野では台湾だけでなく、アメリカも「競争相手」であり、本来「経済安全保障」の対象となるのは中国だけではなく「自国以外のすべての国々」なのですが、ここまでの広い視点は共有されていないのが現状です。

また、アメリカがやっている経済安全保障政策のすべてを、仮に百分の一の規模にして日本が手を出そうとしても、単に総花的になるだけで、効果的な施策にはなり得ません。ここでもやはり「地域大国・日本」という観点、そして「日本ができること、得意なことは何か」を見極めたうえでの戦略を練り直す必要があります。

日本よりもさらに国力がない国々はどうしているか。EUにしろ、ASEANにしろ、AU（アフリカ連合）にしろ、枠組みを作って徒党を組んで、「どのように大国からの圧力を避けながら、一方でうまく利用し国益を得るか」に知恵を絞っています。

そうした中で日本は、言語や文化を考えてもなかなか地域大国として「周囲の小国と足並みをそろえた枠組みを率いる」ことがしづらい状況にあることは事実です。しかし一方では「日本独自の施策」を打つこともできる。

それは、規模ではなかなか敵わないながら、実は超大国間の熾烈な競争を強いられることが自然の摂理である超大国らよりも、その超大国が生み出す全地球的環境を乗りこなすことができれば、超大国よりも豊かな生存空間を得ることができるのが、EUやAU（アフリカ連合）などとは違った単独非超大国（地域大国）ないしは、「非超大国の筆頭大国」の日本であるという強みにもつながっています。

まだまだ十分に残っている日本が使える「ツール」

EUほどの統一意思決定構造を持ちませんが、ASEANは起源や経緯はともかく、今となっては超大国に飲み込まれたくないからこそ、個々の力では米中に及ばない国々が集まって枠組みを形成しているという側面もあります。彼らは中国の影響下に入りたくはないけれど、アメリカの影響下に飲み込まれることもよしとしていません。ここで地理的に近い日本が独自の動きを見せることが、結果的に対中牽制になり、日本の国益につながります。

日本の外交は、ＡＳＥＡＮという地域全体を面でとらえてしまう傾向があることも是正していかなければなりません。各国ごとに成長度合い、そして経済安全保障の観点からは、中国との距離感が全く異なります。

日本は、特にＡＳＥＡＮと地理的に近い地域大国であり、日本の約二倍およそ2・8億人の人口を有し、経済成長も著しく、イスラム教を信仰する国民が多数を占めるインドネシアとの深く幅広い関係構築は必須です。ジョコ・ウィドド現大統領およびプラボウォ・スビアント次期大統領が中国首脳らと会談を繰り返し、中国との距離を縮めていってしまっている現在、日本も積極的なインドネシアとの連帯深化が急務でしょう。

フィリピンが日米比首脳会談実現と昨今の対中領海主権紛争の激化から、中国との距離がさらに広がっていることと対照的です。ＡＳＥＡＮ全体視点ではなく域内それぞれの国に対するメリハリある外交リソース分配の濃淡付けが重要です。

中国が手をつけているＡＳＥＡＮやアフリカの多くの諸国について、日本からの投資額は欧州全体からを除き、米中に続いて第三位や上位につけるなど、日本が使える外交ツールや力は十分に残っています。その力を、アメリカ追従ではない形で強めていくことは、日本が自分のため、あるいは国際社会のために貢献できる一つの形でもあります。

宇露戦争はまさにそうした好機でもありました。米欧がロシア非難、ウクライナ支援で手一杯の中、中国が各国を回って影響力を強めている。ならば日本は、先にも述べた通り米欧に追従してウクライナにくぎ付けになるのではなく、中東、アフリカ、ＡＳＥＡＮ、南米に手入れしていく。中国が狙って動いているところへ、日本が先回りして手を打つという発想が必要です。

その点で、ＡＳＥＡＮに対しての近年の日本外交の中で良い一手は、２０２２年5月12日に首相官邸で開かれた有識者会合でした。この有識者会合では、ＡＳＥＡＮとの交流開始50周年にあたる２０２３年の特別首脳会議に向け、安全保障や経済、文化など各分野で連携を強化するための新たなビジョンを策定するというものです。現時点では良策といえますが、リアルマネーを使ってゴリゴリと対ＡＳＥＡＮ関係深化を図る中国という存在がいる限り、日本も継続的に十分な規模の外交リソースを割かなければなりません。

会議を開き、ビジョンを共有しました、というだけで各国の信頼を得続けることは難しいものです。

バイデン政権もASEANをも巻き込んだ経済圏構想として「インド太平洋経済枠組み（IPEF）」の発足を表明しています。アメリカが出てきてしまうといきなり中国との対立姿勢になってしまうことで、ASEAN各国は非常に難しい選択を迫られることになりかねませんが、前者の日本の取り組みは、それよりもソフトでありながら実効性が見込める構想であり、今後に注目です。

日本ではロシアのウクライナ侵攻以降、Quadでは対中包囲網の一端を形成する仲間、とみているインドが、対露に関しては足並みをそろえようとしない状況にフラストレーションを溜めている人もいるようです。しかしそれぞれの国にはそれぞれの国益や事情があり、「すべての場面で歩調を合わせないからと言って敵認定する」のは愚の骨頂と言わざるを得ません。

ただし、前述の通り、そうした「インドは、G7中心の米欧諸国にとって敵か味方か？」という考えそのもの背景には、「米中対立G2構造に関与するインド、G2構造上のインド」という認識があり、それはインドの外交意識と今後の発展を鑑みれば誤った想定だと言わざるを得ません。

インドはこれから明確に別の極を作り「米中印G3構造」になっていく蓋然性が高いものとなっています。

とりあえずの次善策として、ウクライナ側に立ち、完全反露で結束している米欧諸国がインドをケアできないことを考慮したうえで、日本だからこそできるインドとの連携方法ないしは競争方法を模索しておくことには意味があるでしょう。

日本にしかできないアプローチで世界へ打って出ろ

繰り返しになりますが、経済安全保障は理論的には、あらゆる国との対峙ロジックです。本書はよりシンプルな説明にするために、現在の日本の経済安全保障が最大の脅威として認識し、念頭におかれる対中国の経済安全保障議論を中心に描いてきました。

中国は現在、経済成長の踊り場を迎えている、ないしは悲観的にはピークアウトしたかもしれないとはいえ、日本の何倍もの経済主体が一夜にして霧消することはありません。

万が一、中国の政治体制が大きく変わり、より民主的な体制になったとしてもその経済主体は崩壊しません。

仮に根本的な自由主義を手に入れた中国は、日本にとってはより強力な経済競争主体になってしまうともいえます。いずれにしても、日本と中国とのバイラテラルな競争関係において、経済規模が相対的に小さな日本は「懐事情」だけを見れば不利な状況にはあります。しかし中国の投資には、港湾を抑えるなど安全保障上の思惑や、中国の要求を飲むことと引き換えになっている面があります。

仮に中国側に実際にそうした意図がない投資だとしても、対中競争を熾烈にするディフェンディングチャンピオンのアメリカが「中国の悪意」を世界に向けて喧伝することもあるでしょう。そうした米中超大国の争いを前提の所与環境として、日本がアメリカや中国とは違ったアプローチで投資や関係強化に乗り出せる余地はあるはずです。「冷戦の勝利体験」「ブロック経済への郷愁」にとらわれることなく、緻密に現状を分析し対応していくことが必須となります。

「インド」という変数を踏まえ、100年先を見据えたシミュレーションを

最後に、本書では論点を鮮明にするため、また筆者がインドに居住しながらの研究途中であるため、書きたい欲、読者の皆さんに声を大にして伝えたい欲を徹底的に抑えましたが、現在の本丸の分析は米中印G3構造のシミュレーションを完成させることと、それに付随する日本の最適な行動指針策定です。

ここにはG3での経済安全保障も含まれます。バイラテラルにおいても日米関係、日中関係は重層的に定義されていますが、潜在的超大国インドをカウンターパートとした日印関係の定義は相対的に極めて希薄です。

インドが本質的に超大国化するまでに10年かかるのか30年かかるのか不鮮明ですが、その時が急速に迫っているのは間違いありません。G3構造「三体問題」における混沌の「乱紀」を生き残るためには、この研究を完成させ、さらにその結果を日本の政治にインストールする必要があります。

本書が中核的に記した、G2米中超大国によるG2競争構造における、比較的シンプル

な日本の経済安全保障議論だけでもまだまだアップデートするべき課題がありますが、政治が50年先、100年先を見据えた国家戦略を必要とするものである以上、どれだけ複雑で憂鬱であっても、冷徹に未来を見据えたシミュレーションが必要でしょう。

私たち日本人の子孫が幸せに暮らしていくことができる日本文明構築のために、短期的視野に陥らず、情緒論に流されず、自分ごととして真剣に考える日本人同志が増えることを個人的には期待しています。

日本は、この「経済安全保障」をどう使っていくのか。どのようなビッグピクチャーを描いて、国際社会で生き残っていくのか。本書がそれを考える一助になれば幸いです。

巻末資料

自民党「戦略本部」は何を提言したか

政府の経済安全保障戦略の叩き台となっているのが、2020年12月に公開された自民党・新国際秩序創造戦略本部による提言「『経済安全保障戦略』の策定に向けて」です(https://storage2.jimin.jp/pdf/news/policy/201021_1.pdf)。

この提言では〈経済は国力の根幹であり、国家間関係の基盤〉とし、しかし一方で〈近年は経済的手段を持って自国の意向を他国に押し付けたり、さらには自国に有利な形で既存の国際秩序を作り変えようとする国も現れている。これは経済的手段を自国の利益を追求するための「武器」として用いるものであり、これまでとは明らかに異質な状況〉となったことから、日本もそれに対応できるように経済安全保障の観点から国家戦略を再構築しようというのが狙いです。そして経済安全保障を〈わが国の独立と生存及び繁栄を経済面から確保すること〉と定義づけています。

その際、日本が目指すべき「あるべき姿」として、この提言では〈戦略的自律性〉と〈戦略的不可欠性〉を掲げています。

〈戦略的自律性〉はコロナ禍における医薬品やマスク不足を念頭に「海外の状況や他国の意図に左右されず、日本が自律的に安定した経済活動を行えるよう、サプライチェーンなどのリスクを洗い出し、見直す」ことを指します。

また〈戦略的不可欠性〉は日本が特定の分野・産業等において国際的な存在感を増すことによって「日本がなければ立ち行かない」「日本と関係悪化しないよう努力しなければ」と相手に思わせることを目的としています。

その二つに加え、提言では16の分野が〈重点的に取り組むべき課題と対策〉として挙げられています。

①資源・エネルギーの確保
②海洋開発
③食糧安全保障の強化
④金融インフラの整備
⑤情報通信インフラの整備
⑥宇宙開発
⑦サイバーセキュリティの強化

⑧リアルデータの利活用推進
⑨サプライチェーンの多元化・強靭化
⑩我が国の技術優越の確保・維持
⑪イノベーション力の向上
⑫土地取引
⑬大規模感染症への対策
⑭インフラ輸出
⑮国際機関を通じたルール形成への関与
⑯経済インテリジェンス能力の強化

いずれも日本にとって重要な論点です。しかし一方で、これらは「経済安全保障」という枠組によらずとも対処すべきものであり、「経済安全保障、というくくりで論ずべきものか」「これは『一部の経済活動を含む安全保障の問題』あるいは『経済振興の問題』ではないか」とみられるものもあります。

これは「経済安全保障」が定義によってはかなり幅広い概念をカバーしうるものであることや、「一部では整備を進めるべきだと指摘されながら、これまで国内的な議論がありなかなか法整備等が進められなかったものを、この際、（国内的な反対の少ない）経済安全保障という切り口で進めてしまおう」という自民党内の意図も多分に働いたものでしょう。

有識者提言で絞り込まれた「4つの柱」

こうした提言に基づき、岸田政権発足後、「目玉政策」である経済安全保障に関する議論は一気に高まっていきました。2021年末には、岸田首相を議長とし、経済安全保障政策に関わる閣僚が参加する「経済安全保障推進会議」主催の有識者会議も開かれています。

有識者会議には、宇宙政策や技術に詳しい慶應義塾大学大学院法務研究の青木節子教授、元外交官で国家安全保障局次長を務めた同志社大学の兼原信克特別客員教授、元国家安全保障局局長の北村滋氏（現北村エコノミックセキュリティ代表）、サイバーセキュリティに詳しい慶應義塾大学大学院政策・メディア研究科の土屋大洋教授などのほか、財界からも数名が参加するなど幅広い人材が集まり、2022年2月に提言をまとめました。

提言の「はじめに」では、いま経済安全保障に関する法律を整備する背景について、次のように解説しています。

〈我が国は、自由で開かれた経済を原則として、民間主体による自由な経済活動を促進することで、経済発展を続けてきている。他方で、近年、国際情勢の複雑化、社会経済構造の変化等が進展する中、国民生活や経済活動に対するリスクの顕在化が認識されるようになっている。

例えば、コロナ禍の下では、サプライチェーンの脆弱性が国民の生命・生活を脅かすリスクが顕在化した。また、地政学的な緊張が高まる中、世界各国において、国家の関与が疑われるものも含め、サイバー攻撃により経済が大きく混乱する事例が起きている。

さらに、AIや量子など安全保障にも影響し得る技術革新が進展する中、科学技術・イノベーションは激化する国家間の覇権争いの中核になっている。こうした状況の下、諸外国では、産業基盤強化の支援、先端的な重要技術の研究開発、機微技術の流出防止や輸出管理強化等の施策を推進・強化している〉

〈2021年10月、政府は、経済安全保障担当大臣を設置するとともに、総理による所信表明演説において、我が国の経済安全保障を推進するための法案の策定を表明した。

2021年11月、政府は、第1回経済安全保障推進会議を開催し、経済安全保障上の主要課題は多岐にわたるものの、その中で、法制上の手当てを講ずることによりまず取り組むべき分野として、①重要物資や原材料のサプライチェーンの強靭化、②基幹インフラ機能の安全性・信頼性の確保、③官民で重要技術を育成・支援する枠組み、④特許非公開化による機微な発明の流出防止の4つを示した〉

そのうえで有識者会議は、次の4つの柱について分野別に検討会合を開催し、必要な体系的な法整備について検討、提言をまとめたとしています。以下、それぞれの柱の中身について見てみましょう。

(1)サプライチェーンの強靭化

自民党「提言」でも真っ先に指摘されていた論点です。有識者「提言」でも、コロナ禍で露呈したサプライチェーンの有事における脆弱性を指摘しつつ、〈このような国際情勢の中で、我が国にとって重要であるにもかかわらず国外に過度に依存し、あるいは依存するおそれがある物資については安定的な供給を確保するための対応を図らなければ、国外から行われる行為によって国家・国民の安全や経済活動に甚大な影響を及ぼし、安全保障上の懸念を生じさせる事態に至る可能性がある〉と指摘します。

さらにサプライチェーンをめぐるもう一つの論点として、〈近年のテクノロジーの非連続的な発展が、社会・経済インフラや産業構造に大きな変革をもたらし、重要な物資やそのサプライチェーンに根本的な変化を引き起こす可能性がある〉と指摘。これはたとえば5Gという次世代通信規格に対して、中国が積極的に国内に設備を浸透させ、さらに5G通信を扱う通信機器を中国国内で大量に早く安く生産したことにより、世界に中国製の5G機器が浸透。中国企業や政府当局に通信内の情報が抜き取られ送信されるバックドアなどの危険がありながら、中国製品がシェアを拡大することで中国製に頼らざるを得なくなるといった事態を想定しているとみられます。

この二点を考慮したうえで、有識者「提言」は、政府が取るべき対策として「国や国民の安全を確保する視点から、安定供給を確保すべき重要な物資について、民間企業に具体的に示すべき」と述べます。つまり、何が重要物資なのかをまずは洗い出し、その輸出入に携わる企業に対して、仮に輸入元を一国に依存している状態であるならば、企業が代替輸入先を模索、あるいは生産や備蓄を支援する枠組みを設けるべきだとしています。

「支援」の具体的な内容については、情報を提供するだけでなく、財政支援や資金繰りを円滑化する金融支援を講じることが必要だとしています。

ここでは具体的な「重要物資」は明らかにされておらず、2022年2月25日に閣議決定された「経済安全保障推進法案」でも指定されてはいません。具体的には、国会審議を経ずに制定できる「政令」によって定められることになっています。

現状、想定されているのは医薬品、半導体、レアアースを含む重要鉱物、電池などで、国際情勢や流通、技術発展などに合わせて柔軟に品目を決めていくことになっています。

(2)基幹インフラの安全性・信頼性の確保

人々の生活そのものにかかわる基幹インフラに対するサイバー攻撃などを考慮し、技術的な脆弱性を防ぐ施策を行うべきだという指摘です。

2022年2月末から勃発したロシアによるウクライナ侵攻時にも、ロシア側からウクライナ側へ、またウクライナ側からロシア側への、政府系機関や金融機関に対するサイバー攻撃が行われました。これは実際の有事に連動して起きたものですが、こうしたサイバー攻撃自体は、日々、世界中で行われており、日本政府や日本企業も例外なく標的になっています。

また、このサイバーリスクの観点は、①サプライチェーンの強靭化と関連し、インフラを管理する設備の一部に中国製品などリスクの高いものが含まれる可能性があることも問題視しています。

何が基幹インフラに該当するかについては、具体的にエネルギー、水道、情報通信、金融、運輸、郵便の6分野が挙げられています。ただし、対象をどこまで広げるかは難しく、本来、サイバーリスクを防ぐためには、ネットワークでつながっているすべての関係者の機器についてのセキュリティを高めておく必要があります。

たとえば2022年3月1日、トヨタの全工場がサイバー攻撃を理由に操業を停止しましたが、これは末端の工場のシステムがハッキングされたことで、ネットワークでつながっているすべての工場のシステムへの影響が懸念されたからでした。

また、基本的にサイバー攻撃というものは、実際に攻撃を受けてからでなければ、何を目的として、どの脆弱性が突かれて攻撃されたかが分かりづらいところがあります。そこで有識者提言では「基幹インフラ事業者における設備については、導入時から審査対象とすべきである」とし、設備機能や委託内容、さらに設備供給者や委託先の事業内容、設備を構成する機器のサプライチェーンについても、事前に届け出、あるいは追加報告や資料提出を求める必要があるとしています。

「問題がないかどうか、事前に国が審査する」ことに加え、予測しなかった事態が生じた場合には事後的に勧告できるようにすべきだ、としてもいます。

これを中小企業にまで求めるのは相当難しいため、現状では大企業に限り、またあくまでも「制度の目的を達成するための範囲に限り」「事業者の負担に配慮した範囲で」行うべきという留保もついています。

(3) 官民技術協力

軍事技術に限らず、科学技術やイノベーションが国力を左右するという観点から、リスクがあって民間や研究機関ではなかなか手が出せない先端技術の研究に官から支援し、国力を確保していこうという論点です。

特に米中は政府機関から研究機関への補助金・研究費支援や、官民協力体制が整っており、その技術力が国家としての優位性を、経済・軍事の両面で保っている実態があります。

日本もこれに倣い、「中長期的な資金搬出が必要だ」という話になり、令和3年度補正予算では5000億円規模の研究開発支援が定められましたが、国家の優位性を保つに十分な金額であるかどうかは議論があるでしょう。

また重点分野として、現状では宇宙・海洋・量子・AI・バイオ分野としながらも、有識者「提言」では〈重点的に支援すべき具体的な技術は、研究開発の状況や内外の社会経済状態により変わりうるものであり、シンクタンクでの調査研究も踏まえつつ、不断の見直しを怠るべきではない〉としています。

ここで言うシンクタンクは、「何が重要な先端技術なのか」「どこにいくらくらいの投資を行うか」を決めるため、国内外の情勢や研究開発動向の調査・分析を行う調査研究機関としての機能が期待されています。他にも産官学が集う協議会の必要性も指摘されていますが、機微技術を扱うことになるため構成員には民間人であっても「国家公務員に求められるものと同等の守秘義務を参加者に求めるべきである」との提言もありました。また、当然のことながら守秘義務を徹底するのであれば、参加者のセキュリティ・クリアランス（機密情報を扱える人物かどうかの適格性審査）も必要になることから、どこまで実効性のある形で、機微情報を扱えるかが焦点となります。

(4) 出願特許の非公開化

これまでは「一定期間後に一律公開」されていた特許を、一部例外措置として非公開とすべきだという指摘です。

非公開とすべき理由は、ある特許が軍事転用や安全保障上の脅威に転用される懸念がある場合、「本来公開されるべきでないが、特許権を得るためには一定期間後の公開を免れない」という状態を防ぐことにあります。実際、諸外国は機微技術については出願を非公開とし、流出を防止する措置が取られており、そうした制度がないのは日本とメキシコ、アルゼンチンだけだと「提言」は指摘します。

一方で、「危ない特許だから一律非公開」とすることで生じる問題（研究開発の抑制、海外で特許を取られてしまうなど）もあることから、「この特許がどんなことに使えるか」を予見したうえで、公開することが経済活動に資するかどうかも考慮すべきだとしています。

また、特許出願は年間30万件に及ぶことから、審査は二段階とし、機微技術であるものとそうでないものをふるいにかけ、後者に対しては迅速に特許申請ができるようにすべきだという配慮も必要、としています。さらに、諸外国では第二次検査を国防機関が行う例があることも指摘しています。

経団連が気をもんだ「インテリジェンス不足」

「経済安全保障推進法案」によって、最も影響を受けるのが経済界です。

経済安全保障は基本的に「輸出相手を選べ」「相手のデータセキュリティ状況から人権に関わる労働状況をチェックせよ」という話ですから、ビジネスの現場からすれば制約が増えることになり、こうしたチェックをするためのコストも払わなければなりません。

特にサプライチェーンの強化に関連するところでは、政府は当初「特定重要物資」の関連事業者に対し、生産・輸入・調達・保管状況の報告や資料提出が要求できるとしていました。しかも、応じなかった場合には「30万円以下の罰金」が科せられるだけでなく、社会的影響力や会社の規模を考慮したうえで、政令に基づき業種を明らかにし、企業名も公表するとしていました。

しかしさすがに経済界から「民業圧迫につながる」と物言いがつき、罰則は一部削除されることになりました。

各経済団体は経済安全保障について、政府に対する提言を提出しています。

経団連は有識者会議の提言を受けて、「経済安全保障法制に関する意見」を提出。「概要」によると、以下の三つの柱を中心とした提言を出しています（概要→http://www.keidanren.or.jp/policy/2022/015_gaiyo.pdf　提言全体→http://www.keidanren.or.jp/policy/2022/015_honbun.html）。

〈①経済と安全保障を切り離して考えることは最早不可能。経済面でも安全保障を確保することは「待ったなしの課題」

②着手済みの諸施策に加え、急ぎ法制上の手当てが必要な事項を盛り込んだ法案を今通常国会に提出する政府の方針を支持

③有識者会議の提言は、全体として経済活動の自由や国際ルールとの整合性に配慮した内容〉

これだけ見れば一見、経団連は経済安全保障推進法案に全面的に賛成しているようにも思えますが、各論を見ると「経済安全保障の理念は分かるが、実施には困難が伴う。ましてや民間企業だけでは対処不可能な問題もある」と考えていることが分かります。

たとえば人権デューデリジェンスに関して。

〈企業にとって、サプライチェーンの強靭化をめぐって経済安全保障の確保とともに課題となっているのが人権問題への対応である。

特定の企業との取引を停止したために当該企業が存在する国による報復措置を受ける懸念や、人権侵害を助長している懸念のある企業がサプライチェーンに含まれていないことを証明できなかったことを理由に輸入制限の対象となるという事態が生じている。

こうした現状に一企業で対応することは困難であり、また、政府として、企業にデューデリジェンスを推奨するだけでは問題の解決につながらない。上記の報復措置や輸入制限にどのように対処するか、わが国政府として、早急に検討する必要がある〉

この問題では2021年、中国・新疆ウイグル自治区産の綿（ウイグル綿）の生産過程で強制労働が行われているのではないかというオーストラリアの人権機関の指摘がありました。この指摘を受け、欧米の民間企業では取引を停止したところもありましたが、日本ではユニクロや無印良品などが「自社によるチェックでは強制労働にあたる事実は見つけられなかった」として取引を続けたために、国内外から批判を浴びたという事例がありました。労働の過程で人権侵害的行為があったかなかったか。そもそも「ない」ことを証明するのは至難の業ですが、その調査・判断のためのコストを一企業に背負わせることになれば、企業負担は増大します。それゆえに経団連は「デューデリジェンス推奨だけではない手立てを検討してほしい」としているのです。

経済同友会は「経済安全保障法令に関する意見」で、次のように述べています（https://www.doyukai.or.jp/policyproposals/articles/2021/220216_1233.html）。

〈今般、行政法に経済安全保障の概念を初めて盛り込むことは画期的であり、また、既存の個別業法による対応ではなく、一括法とすることは、将来の技術革新や環境変化にも速やかに対応し得るものであり評価する〉

そのうえで、重点四分野についても基本的に賛意を示しつつも、次のような懸念を指摘しています。

〈法制化においては「経済活動の自由の確保」と「企業の自律性のため政府は過度の関与を行わない」ことに留意し、企業のイノベーションや生産性向上といった「攻めの経営」精神を挫かない整備を求める。一方、世界秩序が大きく変化し、経済や先端技術が安全保障の対象となる中、企業も自らのサステナビリティを確保するためには、経済安全保障に対する理解を深め、企業活動に一定の制約や追加のコストが生ずることも覚悟しなくてはならない〉

〈経済安全保障推進法（仮称）の成立後、規制や支援の対象、罰則などの詳細は政省令で定められる。政府には、企業活動に影響を及ぼすことのないよう、周知を徹底し、法律の施行までに準備期間を設けることができるようにするなど、丁寧な対応を求める〉

「知らないうちに、これまでは問題のなかった取引や情報の扱いが罰則対象となっていた」などということのないように、という配慮を求めています。

また、関西経済同友会は「切れ目のない安全保障体制の実現へ」という、経済安保だけに限定しない広い意味での安全保障に関する提言の中で、経済安全保障について次のように提言しています（https://www.kansaidoyukai.or.jp/wp-content/uploads/2021/05/210517_Maintext-1.pdf）。

〈3．「経済の安全保障」の観点から、産業界の垣根を越えた協力体制の構築を

・米国や中国の輸出規制などに日本企業が巻き込まれる危険性は、ますます高まっている。また、北朝鮮への経済制裁決議の内容に反する経済活動を企業や個人が行うことによるリスクも依然として高い。

・米中などの輸出規制や輸出制裁が自社に及ぼす影響やリスク認識、自社製品が、供給元／供給先として、どのように作られ、第三国で使われているのかなど、各企業や個人で行う情報収集や対応策には限界がある。

提言⑥：国は経済安全保障に関する実態の把握、公表をすべき

・政府は、経済安全保障の観点から、企業、大学や研究機関などの調査を行い、「戦略的不可欠性」のある研究成果や技術や製品について、全容を把握すべきである。その上で、実態を公表し、全体で認識を共有すべき。

提言⑦：国内において産業界の垣根を越えた情報連携、協力体制の構築を進めるべき

・安全保障上、特に重要な輸出製品や技術に関しては、個社努力のみならず、国家安全保障局に設置された「経済班」などを活用し、産業界の垣根を越えた情報連携、協力体制の構築を進めるべき〉

経団連や経済同友会に比べると、関西経済同友会はかなり踏み込んだ提案をしているのが特徴です。

経済安全保障推進法の中身

法案成立に先立ち、2022年2月25日、「経済施策を一体的に講ずることによる安全保障の確保の推進に関する法律案」が閣議決定されています。

「概要」によれば、「経済活動に関して行われる国家及び国民の安全を害する行為を未然に防止する重要性が増大していることに鑑み、安全保障の確保に関する経済施策を総合的かつ効果的に推進するため、所要の制度を創設する」としています。法案の柱は次の4つです。

(1)重要物資の安定的な共有の確保に関する制度(サプライチェーンの強靭化)

(2)基幹インフラ役務の安定的な提供の確保に関する制度(基幹インフラ機能の安全性・信頼性の確保)

(3)先端的な重要技術の開発支援に関する制度（官民で重要技術を育成・支援する枠組み）
(4)出願特許の非公開に関する制度（特許非公開化による機微な発明の流出防止）

(1)については、重要物資の安定供給確保の取り組み、たとえば代替物資の開発などを行う場合、助成支援や特例措置を受けられるとしています。また、「重要物資」に該当するのは医薬品、半導体などが想定されています。

(2)については、対象分野を電気・ガス・石油・水道・鉄道・貨物自動車運送・外航貨物・航空・空港・電気通信・放送・郵便・金融・クレジットカードの14分野とし、重要設備の導入等をする際には事前に計画書を届け出ることなどを義務付けています。

(3)については、宇宙・海洋・量子・AIなどの分野を想定し、特定重要技術の開発や研究に対し必要な情報提供や資金支援を実施するとしています。そのために協議会やシンクタンクを設置し、前者では「資金提供し得るかどうか」を判断。後者は「特定重要技術になりうるか」を見定めるとし、いずれもメンバーには守秘義務を求めるとしています。

(4)については、これまでの特許が公開を前提としていることから、「安全保障上の観点から特許出願をあきらめざるを得なかった発明者に特許法上の権利を受ける道を開く」とし、機微技術の流出を防止するとしています。また、「公にすることにより国家及び国民の安全を損なう事態を生ずる恐れが大きい発明が生まれ得る分野」に関しては、まず日本に出願すべしという義務を課すことも盛り込まれています。

有識者「提言」や経済界からの指摘・要望に伴い、もともとはこれらの4項目に対して、「資料提供を要求し、応じない場合は30万円以下の罰金」などとされていた罰則規定の一部が、「経済活動の萎縮」「民業の圧迫」を理由に削除されることになりました。

また、当初から必要とされてきたセキュリティクリアランス（適格性審査）に関しても、法案には盛り込まず、別途法制化するという流れになりました。

その他、企業がサプライチェーンの実態調査に対応しない場合、罰則が適用されますが、国から助成金などの支援を受けない事業者は罰則の対象外にすることも定められています。

法案は2022年4月7日に衆議院本会議で採決され、参院でも5月11日に可決、法案は成立の運びとなりました。

衆議院本会議で採択される前に法案が審議された衆議院内閣委員会では、「特定重要物資」を指定する際には、この物資に関係する事業者や団体の意見を考慮する、「事業者の事業活動における自主性を尊重する」などとした付帯決議も盛り込まれました。

法律案の「要綱」にはこうあります。

〈この法律は、国際情勢の複雑化、社会経済構造の変化目的等に伴い、安全保障を確保するためには、経済活動に関して行われる国家及び国民の安全を害する行為を未然に防止する重要性が増大していることに鑑み、経済施策を一体的に講ずることによる安全保障の確保ともに、安全保障の確保に関する経済施策として、特定重要物資の安定的な供給の確保及び特定社会基盤役務の安定的な提供の確保に関する制度並びに特定重要技術の開発支援及び特許出願の非公開に関する制度を創設することにより、安全保障の確保に関する経済施策を総合的かつ効果的に推進することを目的とすること〉

具体的には、次の項目立てになっており、２０２４年5月1日より施行されています。

〈第一章　総則（第一条－第五条）

第二章　特定重要物資の安定的な供給の確保

第一節　安定供給確保基本指針等（第六条－第八条）

第二節　供給確保計画（第九条－第十二条）
第三節　株式会社日本政策金融公庫法の特例（第十三条－第二十五条）
第四節　中小企業投資育成株式会社法及び中小企業信用保険法の特例（第二十六条－第二十八条）
第五節　特定重要物資等に係る市場環境の整備（第二十九条・第三十条）
第六節　安定供給確保支援法人による支援（第三十一条－第四十一条）
第七節　安定供給確保支援独立行政法人による支援（第四十二条・第四十三条）
第八節　特別の対策を講ずる必要がある特定重要物資（第四十四条・第四十五条）
第九節　雑則（第四十六条－第四十八条）
第三章　特定社会基盤役務の安定的な提供の確保（第四十九条－第五十九条）
第四章　特定重要技術の開発支援（第六十条－第六十四条）
第五章　特許出願の非公開（第六十五条－第八十五条）
第六章　雑則（第八十六条－第九十一条）
第七章　罰則（第九十二条－第九十九条）
附則〉

参考文献・参照サイト

【書籍】

村山裕三編『米中の経済安全保障戦略』（芙蓉書房出版）
山本武彦『国際公共政策叢書18　安全保障政策』（日本経済評論社）
國分俊史『エコノミック・ステイトクラフト　経済安全保障の戦い』（日本経済新聞出版）
高橋郁夫・近藤剛・丸山修平『経営戦略と経済安保リスク』（日本経済新聞出版）
江崎道朗『米中と経済安保』（扶桑社）
川上桃子・呉介民著、川上桃子監訳・津村あおい訳『中国ファクター（チャイナ）の政治社会学――台湾への影響力の浸透』（白水社）
ピエール＝アントワーヌ・ドネ著、神田順子監訳『世界を喰らう龍・中国の野望』（春秋社）
『外交』編集委員会『外交』Vol.68
日本国際政治学会編『国際政治』Vol.205「検証　エコノミック・ステイトクラフト」
川上高司・監修『インテリジェンス用語辞典』（並木書房）
北村滋『経済安全保障――異形の大国、中国を直視せよ』（中央公論新社）
アニュ・ブラッドフォード著・庄司克宏監訳『ブリュッセル効果――EUの覇権戦略』（白水社）

アン・コカス著、中嶋聖雄監修・翻訳、岡野寿彦翻訳『トラフィッキング・データ――デジタル主権をめぐる米中の攻防』（日本経済新聞出版）
ヘンリー・ファレル、アブラハム・ニューマン著、野中香方子翻訳『武器化する経済――アメリカはいかにして世界経済を脅しの道具にしたのか』（日経ＢＰ）

【サイト】
ＣＩＳＴＥＣ
ＪＥＴＲＯ
首相官邸
自民党
経団連
経済同友会
関西経済同友会
東京海上ディーアール株式会社
ＳＳＤＰ 安全保障・外交政策研究会
株式会社ＮＴＴデータ 経営研究所
各新聞社、報道など

著者　中《なか》川《がわ》コージ

1980年、埼玉県生まれ。埼玉県立熊谷高等学校、慶應義塾大学商学部を卒業後、北京大学大学院光華管理学院企業管理学国際経営及び戦略管理学科博士課程修了。管理学博士(経営学博士)。

英国留学、中国留学を経て、中国人民大学国際事務研究所客員研究員、デジタルハリウッド大学大学院特任教授、中国政治経済誌編集長、一般社団法人救国シンクタンク研究員を歴任。

家業経営と同時に複数企業の顧問・戦略コンサル業務に携わるかたわら、日本人初となる北京大学からの経営学博士号を取得した異色の経歴を持つ自称「マッドサイエンティスト」として、テレビ朝日系列『朝まで生テレビ!』で地上波デビュー。「AbemaTV」をはじめ、ラジオ『飯田浩司のOK! Cozy up！』、ネット番組、「チャンネルくらら」「ニッポンジャーナル」「魚屋のおっチャンネル～パーラー異世界」などの出演も多い。

現在は、インドデリーNCRに居住し、インド政府立IIMインド管理大学ラクナウノイダ公共政策センターフェローを務めている。

著書に『巨大中国を動かす紅い方程式』(徳間書店)、『デジタル人民元』(ワニブックスPLUS新書)、『現代中国がわかる最強の45冊』(扶桑社、倉山満との共著)がある。

日本《にほん》が勝《か》つための
経済安全保障《けいざいあんぜんほしょう》
エコノミック・
インテリジェンス

著者　中川コージ

2024年9月10日　初版発行

企画／構成　梶原麻衣子
校　　　正　大熊真一(ロスタイム)
編　　　集　川本悟史(ワニブックス)

発 行 者　髙橋明男
発 行 所　株式会社ワニブックス
〒150-8482
東京都渋谷区恵比寿4-4-9 えびす大黒ビル
ワニブックスHP　http://www.wani.co.jp/

お問い合わせはメールで受け付けております。
HPより「お問い合わせ」へお進みください。
※内容によりましてはお答えできない場合がございます。

印 刷 所　株式会社 光邦
D T P　アクアスピリット
製 本 所　ナショナル製本

ISBN 978-4-8470-7482-0